Einrichtung · Pflege · Fische · Pflanzen

Das Süßwasser-aquarium

Hans J. Mayland

FALKEN

Im FALKEN Verlag sind zahlreiche Bücher zum Thema »Aquarium und Terrarium« erschienen. Bitte fragen Sie überall dort, wo es Bücher gibt.

Titelfoto: Es zeigt zwei rivalisierende Männchender Zuchtform „Blutendes Herz" von *Xiphophorus maculatus* (Lebendgebärende Zahnkarpfen)
Foto Seite 1: Badis badis badis *(Indischer Blaubarsch)*
Foto Seite 2: Schwarm Roter Neonfische *(Paracheirodon axelrodi)*
Foto Seite 3: Ausgewachsenes Männchen (Originalgröße 22 mm) einer neu entdeckten Art *Badis bengalensis*.

Sie finden uns im Internet: **www.falken.de**

Dieses Buch wurde auf chlorfrei gebleichtem und säurefreiem Papier gedruckt.

Der Text dieses Buches entspricht den Regeln der neuen deutschen Rechtschreibung.

ISBN 3 8068 2663 3

Umschlaggestaltung: Peter Udo Pinzer
Redaktion: Ursula Krüger, Reinbek
Fotos: Dieter Bork: S. 3, 64, 85; Fa. Dupla: S. 11; Fa. Eheim: S. 17 (oben), 21 (oben), 22–23; Eheim/Müller & Pfleger: S. 9; Armin Peither: S. 54; alle übrigen Fotos stammen vom Autor
Zeichnungen: Alois Bleichner, Zora Dacidovic, Ursula und Dieter Gienik, Gabriele Hampel, Fa. ROWA

Satz: Mechthild Manthey, Wiesbaden
Druck: Ludwig Auer GmbH, Donauwörth

817 2635 4453 6271

Inhalt

Vorwort

Dieses Aquarienbuch soll Anfängern ebenso wie Fortgeschrittenen Anregungen und Hinweise geben, wie sie aus ihrem Hobby mehr machen können. Tierliebe wird heute – hauptsächlich durch das Fernsehen – sehr propagiert. Viele Menschen meinen allerdings leider noch oft, dass nur „was sich streicheln lässt" ein echtes Haustier ist. Ein Fisch kann seine Not nicht hinausschreien. Er ist zwar nicht immer stumm, doch ist es ihm, umweltbedingt, versagt, sich akustisch in irgendeiner Weise zu unserer Pflege zu äußern. Könnten die Fische das tun, so würde sich mancher „Fischfreund" wundern, was ihm sein Pflegling zu sagen hätte.

Die Einrichtung eines Aquariums kann nicht eine bloße Nachbildung des freien Lebensraumes sein, wo Regen, Wind, Strömungen und andere Naturvorgänge ihre Einflüsse geltend machen und vor allem viel weitläufigere Verhältnisse herrschen; vielmehr gilt es, unter Beachtung der abiotischen und biotischen Faktoren, d.h. der Lebensbedingungen der unbelebten und belebten Natur, einen Raum (Biotop) zu schaffen, in dem durch entsprechende zusätzliche Maßnahmen ein notwendiges Gleichgewicht der einzelnen Glieder einer Lebensgemeinschaft gesichert ist. Nur so ist es möglich, nicht nur das Leben im Becken zu erhalten, sondern auch ohne große Sorgen nur Freude an seinem Aquarium zu haben.

Freude am Aquarium! Wer sich erfreuen will an lebenden Tieren, der muss also zuerst einmal damit beginnen, seine Tiere „froh" zu machen. Bitte bedenken Sie, dass auch Ihre Pfleglinge das benötigen, was wir heute in immer stärkerem Maße für uns in Anspruch nehmen: Umweltschutz. In diesem Buch finden Sie alle Angaben, die dazu dienen sollen, aus einem Hobbyaner einen Aquarianer – einen Fischfreund – zu machen.

Abschließend möchte ich noch Herrn Dr. med. vet. Hugo Herkner aus München danken. Mit ihm arbeitete ich das Kapitel „Fischkrankheiten" durch.

Hans J. Mayland

Pseudocanthicus spinosus

Der Lebensraum

Für die Tiere und Pflanzen eines Aquariums ist das Becken den Lebensraum. Es gibt mancherlei Arten aus verschiedensten Materialien in vielen Größen. Aus biologischen und Ausstattungsgründen sollten sie mehr breit als hoch sein. Lediglich zur Zucht mancher hochflossigen Arten (Skalare) verwendet man mittelgroße Becken etwa in den Maßen 80 (Länge) x 50 (Breite) x 60 (Höhe) cm. Für ein normales Becken verhält sich die Länge zur Breite und Höhe ungefähr im Verhältnis 10:5:6 bis 10:3:4. Es sind immer wieder „neue Formen" auf den Markt gebracht worden.

Weil der Beckeninhalt begrenzt ist, müssen Fische und Pflanzen logischerweise in entsprechenden Grenzen gehalten werden. Ihre Zahl richtet sich nach dem Wasserinhalt des Beckens, also nicht nach dem errechneten Fassungsvermögen. Dabei muss das Volumen von Bodengrund und Steinen abgezogen werden. Uralte Theorien, nach denen man für einen Fisch bis 5 cm Größe 2 Liter Wasser „ansetzt", sind falsch. Gemessen an solchen Zahlen wäre für uns eine Gefängniszelle fast ein Ballsaal.

Es gilt also eine Norm zu finden, die beide zufrieden stellt: Fische und Pfleger. Fisch ist nicht gleich Fisch, weder nach Größe noch nach Temperament. Wer etwa anderthalb bis zwei Liter Wasser je Zentimeter Fisch (!) rechnet, dürfte einigermaßen gut zurechtkommen.

Beispiel 1:

Das Fassungsvermögen eines Aquariums (100 x 30 x 40 cm) beträgt 120 Liter. Davon sind mindestens 20 Liter Volumen für Sand/Kies und Steine abzuziehen, sodass noch 100 Liter Wasserinhalt verbleiben. Es sollen hauptsächlich größere Fische von 6 cm Länge eingesetzt werden (6 x 2 = 12 bzw. 6 x 1,5 = 9). Man benötigt für diese Fische also zwischen 9 und 12 Liter Wasser je Stück, also können 8 bis 10 von ihnen eingesetzt werden. Zu berücksichtigen bleiben noch Wachstum und Revierverhalten.

Beispiel 2:

In einem Becken 80 x 26 x 38 cm = 79 Liter Fassungsvermögen soll ein Schwarm von 15 Neonfischen (4 cm) und mehrere großere eingesetzt werden. Nach Abzug des Dekorationsvolumens verbleiben höchstens 70 Liter Wasserinhalt. Neonfische werden meist mit Längen um 2,5 cm gepflegt. 2,5 x 1,5 = 3,75, sodass knapp 4 Liter Wasser je Fisch benötigt werden. Somit bliebe für größere Fische nicht mehr viel Raum. Man sollte sich also mit 12 Fischen dieser Art begnügen und 4 weitere von 5 – 6 cm Länge hinzufügen.

Solche Beispiele lassen sich beliebig variieren. Natürlich sind sie nicht frei von Mängeln. Das Leben im Aquarium ändert sich ständig. Die Tiere wachsen; weniger gesunde sterben. Der Pfleger kann und soll nicht mit dem Rechenstift vor seinem Becken sitzen. Er muss sich nur hin und wieder an diese Voraussetzung erinnern und evtl. auf den Kauf neuer Tiere verzichten, um seinen Fischen den notwendigen Lebensraum zu gewährleisten.

Die aus Winkeleisen geschweißten Becken mit Metallboden und eingekitteten Scheiben mussten moderneren Techniken (Nurglasbecken) weichen. Zwar werden noch genügend Metallrahmenbecken angeboten, aber das verwendete tragende Material besteht aus eloxiertem Aluminium (Juwel), und die Scheiben sind mit dauerelastischem, giftfreiem Silikonkautschuk abgedichtet, womit das leidige Problem des „tropfenden Aquariums", der Albtraum vieler Aquarianer-Generationen, gelöst ist.

Teilgestellbecken bestehen aus einem unteren und einem oberen Rahmen aus eloxiertem Metall. Aufgrund der Erfahrungen bei der Herstellung der Nurglasaquarien wurde diese neue Aquarienvariante entwickelt. Die seitlichen Stöße der Scheiben sind mit Silikonkautschuk transparent zusammengeklebt.

Das Nurglasaquarium benötigt dank der ausgezeichneten Adhäsion des Materials Silikon kein Gestell, die etwas stärkeren Glasscheiben sind selbsttragendes Element.

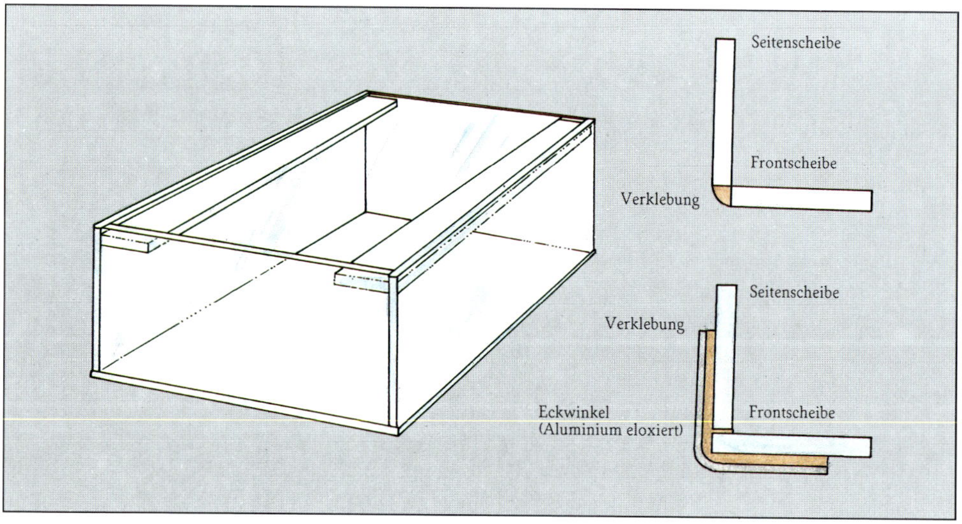

In geklebten Glasbecken, wie sie heute üblich sind (hier ein niedriges Zuchtbecken), soll die Verstärkungsleiste (oben) in Längsrichtung verlaufen. Die Verklebung der Winkel kann auf unterschiedliche Weise erfolgen; zuweilen wird sie noch mit einem eloxierten Alu-Winkel verstärkt oder verschönt

Natürlich ist bei einem solcherart zusammengeklebten Aquarium die Qualität von ausschlaggebender Bedeutung.

Ob man die Becken im Do-it-yourself-Verfahren herstellt oder sie im Handel erwirbt – die Güte des Materials und entsprechende Sorgfalt bei der Herstellung entscheiden über ihre Haltbarkeit. Ein Tipp für Selbsthersteller: Silikonkautschuk ist nicht immer gleich. Wichtig für dieses Material ist das Härtungssystem; es sollte im Bereich der Essigsäure liegen. Andere Chemikalien, z.B. Phenole, können Giftstoffe an das Aquarienwasser abgeben. Es genügt eine simple Riechprobe; denn den Geruch von Essigessenz wird jeder kennen.

Wichtig für die Haftfähigkeit des Silikons ist, dass das Glas fettfrei ist. Besonders neue Scheiben haben häufig einen dünnen Fettfilm als Schutzschicht, weshalb es sich empfiehlt, die Scheiben mit Aceton zu entfetten. Silikon härtet nicht – wie die meisten Kleber – bei Wärme, sondern in Reaktion mit Luftfeuchtigkeit. Die Vulkanisierzeit beträgt je nach Dicke der Fuge durchschnittlich 24 Stunden.

Ein elegantes Aussehen des Aquariums bietet das Becken aus reinem Plexiglas. Dieses Material lässt sich biegen und verschweißen; zudem hat es die gleiche Haltbarkeit wie jedes andere Aquarium. Plexiglas gilbt nicht und verkratzt nur bei unsachgemäßer Pflege – wie Glas. Moderne Plexiglasaquarien sehen aus wie aus einem Stück gearbeitet. Durch die Einfärbbarkeit des Materials ist es auch möglich, Rückwände und Leuchtkästen andersfarbig zu arbeiten. Dadurch kann ein solches Aquarium optisch bestechend schön wirken.

Sehr wirkungsvoll und zum Teil raumgestaltend können Schrankaquarien sein – also Becken, die in Schränken, Vitrinen oder anderen Möbeln eingebaut sind, mit kompletter Beleuchtung und aufklappbarem Deckel für die Bedienung. Die meisten Schränke sind heute innen wie außen aus kunststoffbeschichtetem Holz gearbeitet. Trotzdem sollte man sich jedes Aquarium genau ansehen und prüfen, ob auch die Kanten der meist aus Spanplatten hergestellten Schränke an diesen empfindlichen Stellen gut verarbeitet sind. Ist dies nicht der Fall, so kann die im Schrankraum entstehende Luftfeuchtigkeit mit der Zeit unter die Verleimung kriechen und das Holz zum Aufquellen bringen. Um dieser Feuchtigkeit die Möglichkeit zum Entweichen zu geben, müssen entsprechende Vorrichtungen geschaffen sein (Lüftungsschlitze öder Ähnliches).

Es gibt seit Jahren Schrankaquarien in vielerlei Design, Größen, Aufbau und Holzfarben sowie Holzmusterung. Die bekanntesten liefern altbekannte Firmen wie Juwel, Müller & Pfleger und Eheim. Die Kombination Schrank und Aquarium hat neben der besseren Optik den Vorteil, dass der Aquarianer im Schrank darunter all die kleinen Dinge verstauen kann, die man täglich oder auch aus besonderem Anlass benötigt. Auf diese Weise ist ein möglicher Streitfaktor, wie er zuweilen aufkommen kann („Lass doch bitte nicht immer aller herumliegen!"), von vornherein aus der Welt geschafft.

Schrankaquarien kann jeder Händler direkt bestellen. Wer kein handwerkliches Händchen hat, sollte sich bei einen Aquarienfachmann erkundigen, was es kostet, wenn er gleich eine gute Kabelheizung einbaut und erklärt, wie man eine bequeme Installation sämtlicher Schlauchverbindungen (Trennkupplungen nicht vergessen!) zum darunter stehenden Filter durch die Öffnung in der Schrankrückwand vornimmt. Oft liegen die kleinen praktischen Dinge im Detail. Viele Schränke sind innen beleuchtet. Andere haben eine mitgelieferte zusätzliche, genau passende Auffangwanne, die unter dem Filtertopf steht und dafür sorgt, dass bei der Filteröffnung kein Wasser auf den Schrankboden tropfen kann. So gibt es zum Beispiel einen auf Rollen oder starken Zügen herausziehbaren Schrankboden, auf dem der schwere Filtertopf nach vorne bewegt wird, wenn der Filterinhalt einmal gereinigt werden muss.

Eine andere, für viele Aquarianer sicherlich gewöhnungsbedürftige Variante, die ein Hersteller (A-S Glasbau) anbietet, hat schräggestellte Front- oder Front- und Seitenscheiben. Zum Ausbau dieses Aquariums wird grünsticharmes und somit reinweißes so genanntes Floatglas verwendet, dessen Lichtdurchlässigkeit größer ist und daher weniger Licht nach innen reflektiert, wodurch die Betrachtungsqualität gesteigert wird. Natürlich gibt es dazu auch Unterschränke und Beleuchtungsanlagen.

Beim Aufstellen des Aquariums ist darauf zu achten, dass der Fußboden stabil genug ist. Immerhin hat es, zusammen mit dem tragenden Möbel, ein Gewicht von durchschnittlich 80–130 kg. Manche Wohnungen haben, besonders in den Ecken, keine geraden Fußböden. Es empfiehlt sich daher, die Aufstellflächen des Aquariums vorher mit einer Wasserwaage auszumessen. Bei schräg stehenden Becken erscheint natürlich auch immer der Wasserspiegel schief. Noch schlimmer sieht die Sache allerdings aus, wenn die direkte Aquarienauflage uneben ist. Steht das Aquarium verkantet, so halten die tragenden Elemente die entstehenden Spannungen eine gewisse Zeit aus, können jedoch durch das Verziehen des Materials die Verbindungen nicht dauerhaft halten, sodass schließlich die Scheiben springen.

Ein komplett gestaltetes Eckaquarium („Brillant Buche 110") mit 200 Litern Inhalt, Unterschrank Hellbuche und entsprechend angepasster Abdeckleuchte (Müllen & Pfleger)

Das Licht

Licht ist einer der wichtigsten Faktoren für das Leben im Aquarium. Es übernimmt die Funktion der Sonne, die in den natürlichen Biotopen von Fischen und Pflanzen für die nötigen Abläufe sorgt und beispielsweise die Fotosynthese der Pflanzen in Gang setzt, ohne die den Gewächsen die Nahrungsaufnahme und das Wachstum nicht möglich wären.

Die Lichtbedürfnisse von Aquarienpflanzen und Fischen sind zuweilen sehr unterschiedlich: Die Fische suchen sich ihren Platz ohne unser Zutun, die Pflanzen müssen in die entsprechenden Positionen gebracht werden. Zudem haben Fische und Pflanzen einen tages- und jahreszeitlichen Rhythmus. Besonders den ersten sollten wir pünktlich (wie in der Natur) einhalten, was am einfachsten durch den Einsatz einer elektrischen Schaltuhr geschieht. Beim Kauf von Fischen und Pflanzen soll man darauf achten, dass keine zu extremen oder konträren Wünsche bzw. Ansprüche der Bewohner miteinander zu vereinbaren sind.

In den letzten Jahren hat sich das Angebot an Aquarienleuchten ständig geändert: meist verbessert oder ergänzt. Es gibt heute auch Hängeleuchten, die es erlauben, die Abdeckscheibe über dem Becken wegzulassen. Dies nutzen wiederum einige Pflanzen aus, um über den Wasserspiegel hinauszuwachsen – eine durchaus reizvolle Sache. Es soll nicht verschwiegen werden, dass dabei die Verdunstung des Aquarienwassers schneller vor sich geht.

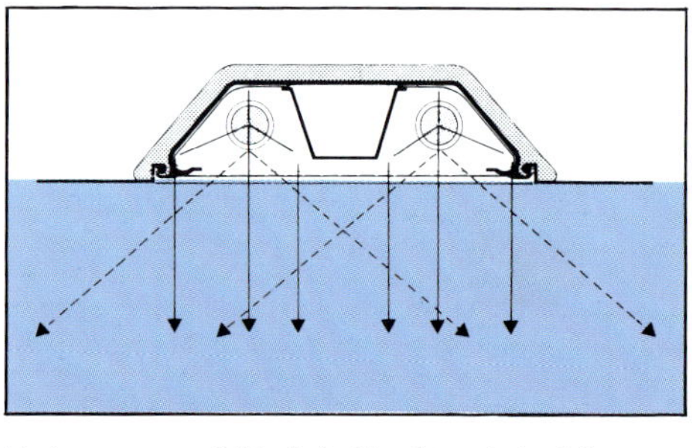

Moderne, wasserdichte Abdeckleuchten sind auf die Größe bestimmter Aquarien zugeschnitten. Meist sind die formschönen Lichtkästen aus elexiertem Aluminiumblech und mit zwei separat schaltbaren Leuchtstoffröhren versehen (hier ein Bautyp von Juwel)

Viele Menschen benötigen heute einen so genannten Luftbefeuchter, ein Sprühgerät, mit dem die trockene Zimmerluft feuchter gemacht wird. Ein Aquarium ohne Abdeckscheibe übernimmt diese Arbeit ohne zusätzliche Energie und damit Kosten.

Für den Aquarianer ist die Frage der zweckmäßigen künstlichen Beleuchtung wichtig: Was ist dazu angetan, das pflanzliche Wachstum besonders zu fördern? Botanische Forschungsergebnisse geben wertvolle Hinweise. So ist festgestellt worden, dass die Assimilation der Pflanzen, die Fotosynthese, vor allem durch den blauen und roten Bereich des Spektrums angeregt wird. Speziell entwickelte Pflanzenstrahler (Osram-Fluora, Grolux von Sylvania) wurden diesen Wirkungsspektren fotobiologischer Prozesse angepasst. Die Mischung der darin vorkommenden Leuchtstoffe erzeugt eine betonte Blau- und Rotstrahlung und beeinflusst folglich intensiv das pflanzliche Wachstum.

Inzwischen ist die aquaristische Industrie dazu übergegangen, Pflanzenstrahler (Röhren) in bestimmten, für das Gedeihen unserer Aquarienpflanzen wünschenswerten Farbspektren zusammenzustellen (Süß- und Meerwasser), die dem Aquarianer die Arbeit, vielleicht auch eine mögliche falsche Wahl abnehmen.

In einem Süßwasseraquarium hängt die Stärke der Beleuchtung natürlich von der Art der Fische und Pflanzen ab, die darin gepflegt werden. Die folgenden Angaben können darum nur Richtwerte sein. Sie basieren auf einem Anhaltswert von 1,0 – 1,5 Watt je dm^2 Aquariengrundfläche, bei Aquarien-Normhöhe, als ausreichendem Wert.

Durch den Einbau von Schaltern, die jede Lampe einzeln schaltbar machen, wird es

Lichtbedarf in verschieden großen Aquarien

Beckenmaß L x B x H (cm)	Fassungsvermögen in Litern	Aquariumgrundfläche in dm²	Bestückung mit Leuchtstoffröhren	
			Anzahl	Lichtfarbe
60 x 25 x 40	60	15	1/20 W 1/20 W	Pflanzenstrahler (vorn) + Tageslicht
80 x 26 x 38	79	20,8	wie vor	
80 x 40 x 50	160	32	1/20 W 1/20 W 1/20 W	Pflanzenstrahler (vorn) + Tageslicht + Warmton de Luxe
100 x 30 x 40	120	30	wie vor	
100 x 40 x 50	200	40	1/20 W 1/25 W 1/25 W	Pflanzenstrahler (vorn) + Tageslicht + diagonal Warmton de Luxe

möglich, je nach dem Erforderlichen im Becken das Licht zu variieren bzw. zu dosieren. Licht kann nur zu schwach, selten aber zu stark dosiert werden. Eine besonders kräftige Beleuchtung ist dann gefordert, wenn in einem Pflanzenaquarium mit Kohlenstoff gedüngt wird. Diese hervorragende Nährstoffgabe hat sich in den letzten Jahren allein deshalb immer größerer Verbreitung erfreut, weil das Ergebnis – vollwüchsige Pflanzen in prächtigen Becken – beeindruckt. Wer jedoch seinen Pflanzen CO_2-Düngung anbietet, darf andererseits ein hohes Lichtangebot nicht ausschließen, weil die Pflanzen nur bei hoher Lichteinstrahlung ihre Photosynthese voll nutzen und den Kohlenstoff entsprechend verwerten können. Als Lichtpartner bei der Kohlenstoffgabe haben sich daher Quecksilberdampf- und Halogen-Metalldampfleuchten durchgesetzt. Ihr Licht ist kräftiger, und hat deswegen eine bessere Tiefenausleuchtung, sodass Aquarienpflanzen, wie die niedrige und als Vordergrundpflanze verwendete *Echinodorus tenellus*, noch genügend Licht abbekommen.

Ein Tropentag ist maximal 12 Stunden lang. Das ist die Zeitspanne, während der Fische und Pflanzen Licht benötigen. Es hat keinen Sinn, eine Beleuchtung erst abends einzuschalten.

Wer das tut, darf sich nicht wundern, wenn alles Leben verkümmert. Es ist deshalb kein Luxus, eine elektrische Schaltuhr an ein Aquarium zu installieren, die das Licht genau dosiert.

Werden die Pflanzen mit CO_2 (Kohlenstoff) gedüngt, benötigen sie ein besondes kräftiges Licht. Hier zwei Lampentypen von Dupla: Links ein Quecksilberdampfstrahler, rechts eine Halogen-Metalldampfleuchte. Die erste ist für Becken bis 55 cm Höhe ausgelegt, die zweite für höhere Aquarien

Für viele Fische ist der Tagesanbruch (= Einschalten des Lichts) ein Signal. Manche Tiere laichen bei den ersten Lichtstrahlen des Tages. Andere wiederum wissen genau, wann ihre Schlafenszeit beginnt. Besonders bei den großen Buntbarschen kann man beobachten, dass sie vor der Zeit, in der normalerweise das Licht ausgeht, ihren Schlafplatz aufsuchen. Fischmütter bringen zu dieser Zeit ihre Jungen „zu Bett": sie sammeln sie ein, bringen sie in ihre Höhle (bei Höhlenlaichern), die Sandgrube (Grubenlaicher) oder nehmen sie ins Maul zurück (Maulbrüter). Fische können sich also ausgezeichnet dem vorgegebenen Rhythmus anpassen, vorausgesetzt, er ist biologisch richtig.

Wir wissen von uns selbst, wie schwer es ist, z.B. nach einem längeren Flug in östlicher oder westlicher Richtung den Zeitunterschied und die damit verbundene Verschiebung des Tag/Nacht-Wechsels auszugleichen. Sind die Zeitunterschiede stark, so benötigt der menschliche Organismus in der Regel mehr als eine Woche, um sich diesem neuen Lebensrhythmus anzupassen.

Echinodorus osiris (Rotblättrige Schwertpflanze)

Bodengrund und Dekoration

Ein weiterer abiotischer Faktor ist der Bodengrund, der vor allem für die Bepflanzung bedeutsam ist, aber auch vielen Fischen zur Laichablage und manchen Arten als Wühlgrund dient.

Am besten sind grobkörniger Flusssand von 1,5 mm und Kies von 2 – 4 mm Körnung, wie sie auch in Zoohandlungen erhältlich sind. Feinerer Sand ist ungeeignet, da er das im Boden befindliche Wasser stagnieren lässt. Eine Durchlüftung des Bodengrundes aber ist für die Gesunderhaltung und die Bodenbakterien sehr wichtig, welche die Abfallstoffe für die Pflanzen abbauen. Auch heller Sand oder scharfer Quarzsand sind ohne dunkle Bodenauflage ungeeignet, weil sie das Licht reflektieren und das Wohlbefinden der Fische stören.

Der Bodengrund muss sauber sein und frei von Schwebestoffen. Wenn er außerdem keimfrei ist, werden dadurch z. B. unerwünschter Schneckenlaich und sonstige nicht erkennbare Keimlinge aus dem Becken fern gehalten. Um das zu erreichen, wird unser Bodengrund in einen Plastikeimer gegeben und mit Wasser überdeckt. Unter Umrühren wird so viel Kaliumpermanganat zugefügt, bis sich das Wasser rötlich färbt. Dann wird alles kräftig durchgerührt und eine Weile stehen gelassen, damit das Mittel wirken kann. Danach wird das Wasser abgegossen und der Sand oder Kies unter Umrühren mehrere Male gut gespült.

Die Frage nach der richtigen Zusammensetzung des Bodengrundes ist oft diskutiert worden. Manche Aquarianer vermischen eine untere Sandschicht mit Lehm, dem die Pflanzenwurzeln Nährstoffe entziehen können. Natürlich wird der Bodengrund in erster Linie für die Pflanzen eingebracht. Doch nur wenige Pflanzen nehmen den größten Teil ihrer Nahrung durch die Wurzeln auf; andere entnehmen sie direkt und in gelöster Form dem Wasser. Die untergetaucht (submers) lebenden Arten sind dazu mit sog. Hydropoten (Wassertrinkern) ausgestattet, die über die gesamte Blattspreite verteilt sind. Die als Sumpfpflanzen bekannten Arten wie die Cryptocorynen haben diese Hydropoten nicht primär. Als überwiegend emerse (überwasserlebende Pflanzen), die aber auch submers leben können, besitzen sie Spaltöffnungen, durch die sie gasförmiges Kohlendioxid aufnehmen können. Nach dem Übergang vom Medium Wasser in das Medium Luft oder umgekehrt werfen diese Pflanzen ihre alten Blätter ab, um die dem neuen Medium angepassten zu bilden.

Solchen Pflanzen dient der Bodengrund nur als fester Halt für Pflanzenwurzeln. Ein sandiger Bodengrund in unserem Aquarium kann nicht ausreichend durchlüftet werden. Schon nach kurzer Zeit ist er meistens verklebt und mit Mulm zugesetzt. Ein feiner Kies von 2 – 4 mm Körnung ist daher, wie schon erwähnt, als Bodengrund am besten geeignet. Um bei diesem System etwaige Mangelerscheinungen im Wasser auszugleichen, sollte es in bestimmten Abständen gedüngt werden. Dieser flüssige Spezialdünger für Aquariumpflanzen wird tropfenweise in das Aquarienwasser gegeben. Er ist im Zoohandel erhältlich.

Manche Fische benötigen extrem weiches Wasser. Für sie müssen auch im Bodengrund alle Härtebildner (Schnecken und Muschelschalen oder Teile davon) aussortiert werden, weil sie Kalk enthalten, der schon in kleinen Mengen das Wasser wieder aufhärtet.

Sollte für Zuchtbecken unbedingt Sand vonnöten sein, muss er wie alle anderen verwendeten Gegenstände besonders gut keimfrei gemacht werden.

Auch alles Dekorationsmaterial muss zunächst keimfrei gemacht werden. Steine werden unter einem Wasserstrahl mit einer Bürste gereinigt und überbrüht. Am natürlichsten wirken abgeschliffene, faustgroße Tiefen- oder Ergussgesteine, wie Granit, Porphyr, Gneis, Quarz, Basalt und Feuerstein. Absatz- und Schichtgesteine, wie Kalkstein, Dolomit, Marmor, Sandstein, Tropfstein, Tuff u. Ä., dürfen nicht für solche Fische verwendet werden, die in weichem Wasser leben, weil sie das Wasser hart machen. Es lässt sich auf einfache Art feststellen, ob ein Stein kalkhaltig ist, indem man ihn mit Salz- oder Schwefelsäure betropft. Wenn es schäumt, ist der Stein kalkhaltig und darf für weiches Wasser nicht verwendet werden.

Flache Steine und Steingrotten sehen in jedem Becken gut aus. Werden für ein Cichlidenbecken Steinhöhlen benötigt, sollte man ihren Unterbau direkt auf die Bodenscheibe legen, damit beim Wühlen der Fische der Aufbau nicht einstürzt und die Scheiben zerschlägt. Falls der Aufbau aus Natursteinen erstellt wird, bei denen die Gefahr besteht, dass sie verrutschen können, soll man den Aufbau (trocken) so zusammenbauen, dass die Steine an den Berührungspunkten mit Silikonkautschuk vorsichtig verklebt werden, sodass man zur Front hin die Klebestellen nicht sieht. Im Übrigen bietet der Handel so genanntes Grottengestein aus gebranntem Ton (Keramik) an, das sich ohne Verklebung rutschfest zusammenbauen und zu Höhlen bilden lässt.

Schieferplatten gibt es in unterschiedlichen Farben und unterschiedlicher Stärke. Es handelt sich um ein metamorphes (Sediment- oder Eruptiv-)Gestein in plattiger oder eben schiefriger Form. Seine Prägung ist abhängig vom Mineralbestand sowie von der Ausbildung des Gefüges. Der namentlich bekannte Taunusschiefer ist hellgrau bis braun. Daneben gibt es den grauen bis schwarzen Schiefer, dessen Platten in der Aquristik gern zum Höhlenbau oder zur Raumgliederung im Aquarium verwendet werden. Unter den fast schwarzen Schiefern gibt es einen Ölschiefer, der für aquaristische Zwecke nicht zu verwenden ist. Beide vorher genannten beeinträchtigen die Wasserqualität im Aquarium nicht.

Zement härtet das Wasser auf und ist für die Verwendung in Süßwasseraquarien ungeeignet. Rückwände und ihre Gestaltung geben vielen Aquarianern Probleme auf. Am einfachsten ist es, im Zoogeschäft eine fertig mit einer Unterwasserlandschaft bedruckte Folie zu kaufen, die dann hinter die rückwärtige Aquarienscheibe geklebt wird.

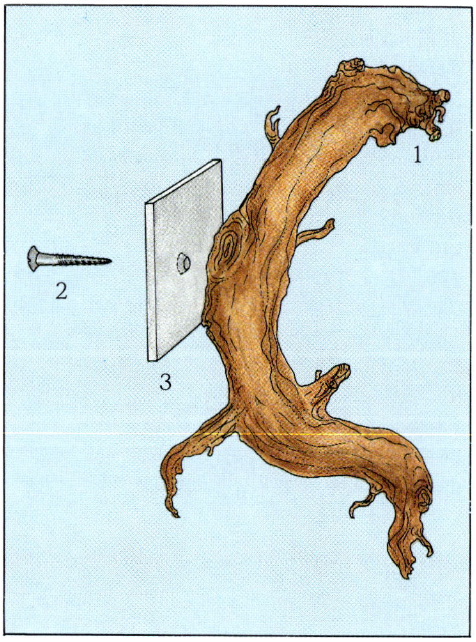

Wurzelstücke (1), die aus der Rückwand „herauswachsen" sollen, werden vorher mit einer rostfreien Schraube (2) auf ein Stück Hart-PVC (3) geschraubt und dieses dann mit Tangit auf die PVC-Rückwand geklebt

Gegenüber eines solchen „Schauteiles" hat eine innen eingebaute Rückwand für Fische und auch Pflanzen ihre Vorteile. Ich habe bereits seit Jahrzehnten solche Rückwände selber gebastelt – früher aus Eternitteilen, heute mit solchen aus grauem Hart-PVC als Basis. Alles wird also auf eine 4–6 mm starke Platte montiert (geklebt, geschraubt oder kaltverschweißt), die in ihrem Gesamtmaß genau auf die Rückwand des Beckens passt. Sie wird, nachdem alle Teile montiert sind, mit Silikonkautschuk auf die trockene Beckenscheibe geklebt. Wenn die Rückwand nicht mehr gefällt, kann man sie mit einem langen Messer wieder von oben herausschneiden. Wichtig bei der Verklebung ist, dass sie rundherum geführt wird. Auf diese Weise kann sich kein Fischchen dahinter verstecken.

Naturähnliche innere Rückwände trifft man in letzterer Zeit immer häufiger an, wobei bemerkt sein darf, dass nicht alle Fabrikate die künstlerische Qualität aufweisen, wie die aus Schweden stammenden Wände der Firma „Back to Nature". Diese Rückwände sind aus einer speziellen Polyuretan-Mischung hergestellt und geben keine chemischen Stoffe in das Aquarienwasser ab. Der Einbau einer solchen inneren Rückwand setzt eigentlich voraus, dass das Aquarium tiefer (breiter) ist, als die genormten Maße der meisten Becken. Da die deutlich hervortretende Form der Wand je nach Beckengröße (-länge) eine Raumtiefe von etwa 10 bis 15 cm beansprucht, andererseits ja nicht massiv ist, hat der Aquarianer die Möglichkleit, in dem hinter der Wand noch verfügbaren Raum technische Geräte wie Heizer, Filter usw. unterzubringen. Wie man aus dem Foto erkennt, kann eine solche Wand dann einen echten „amazonischen Eindruck" vermitteln.

Wurzelholz gibt es von europäischen oder tropischen Pflanzen. Moorkienholzwurzeln stammen aus unseren Torfabbaugebieten. Sie sind sehr schön, haben aber den Nachteil, dass sie aufschwimmen. Man muss sie deshalb lange vor Gebrauch unter Wasser halten, damit die Lufteinschlüsse entweichen. Häufig werden tropische Hölzer angeboten. Sie können außerordentlich attraktiv sein, wie zum Beispiel einige Mangrovenhölzer oder die sandgestrahlten „Mopani-Gehölze". Letztere – wie auch einige andere – enthalten Farbstoffe wie Tannin, die das Wasser so lange braun färben, bis sich diese Inhaltstoffe verflüchtigt haben. Fragen Sie vor dem Erwerb den Fachhändler, denn nicht alle aquaristisch interessanten Wurzeln färben das Wasser braun. Es empfiehlt sich, derartige Dekorationsstücke und Moorkienholzwurzeln schon einige Zeit vor Gebrauch zu erwerben und auf ihre aquaristische Tauglichkeit vorzubereiten.

Torfmull zur Herstellung einer künstlichen Mulmschicht wird ausgekocht und in einer 1 – 2 cm starken Schicht zwischen den Pflanzen ausgebreitet, indem man eine Faust voll ins Wasser taucht und über dem Boden die Hand leicht öffnet. Natürlich muss diese Schicht von Zeit zu Zeit erneuert werden. Am besten ist aufgrund seiner Zusammensetzung Hochmoortorf geeignet, da er erdalkalifrei ist.

Es gibt verschiedene Möglichkeiten, den Bodengrund einzurichten und ihn den Ansprüchen seiner Bewohner anzupassen; entweder einen gewöhnlichen, leicht ansteigenden Bodengrund, eventuell mit Steinen, oder einen terrassenförmigen Aufbau. Von Steinreihe zu Steinreihe erhöht sich der Boden; auch Steinplatten und Schiefer können benutzt werden. Der Terrassenaufbau kann zudem von einer Schmalseite zur gegenüberliegenden erfolgen oder in diagonaler Richtung, auch bogen- oder zickzackförmig.

Ausschnitt aus einem Aquarium mit dreidimensionaler Rückwand vom Typ „Amazonas" (Back to Nature)

Die Wärme

Für Fische und Wasserpflanzen ist natürlich die Wassertemperatur von Bedeutung, also ein abiotischer Faktor. Sie entsteht, indem sich die Luftwärme dem Wasser mitteilt und ein Teil des Lichtes, der in das Wasser eindringt, sich in Wärme umwandelt. Die Wärmeeinwirkungen sind geographisch und jahreszeitlich aber sehr verschieden.

Für tropische Fische liegen die Haltetemperaturen zwischen 22 und 26 °C und können in der Laichzeit bis über 30 °C ansteigen, sofern es sich nicht um Tiere handelt, die in der kühleren tropischen Regenzeit ablaichen. Im Winter tritt zur Zeit der verkürzten Tage vom November bis Februar eine Erholungspause für Fische und Wasserpflanzen ein.

Obwohl die Ansprüche je nach Art und Herkunft etwas auseinander gehen, beträgt die Überwinterungstemperatur für Warmwasserfische etwa 20–22 °C, mit gelegentlichen Unter- und Überschreitungen, jedenfalls meist nicht unter 18 °C. Solche jahreszeitlich bedingten Wärmeschwankungen sind auch bei Kaltwasserfischen zu berücksichtigen, deren Höchsttemperaturen im Sommer 20 °C betragen können und nicht über 22 °C hinausgehen sollen, während die Wintertemperaturen durchschnittlich bei 10–14 °C liegen und nur vorübergehend bis 4 °C fallen können. – Auch langsame Wärmeschwankungen von 2–3 °C, wie sie durch den Wechsel von Tag und Nacht entstehen, sind naturbedingt und deshalb nicht ungünstig. Weil ein Becken keinen starken Temperaturschwankungen unterliegen darf, ist eine Aufstellung unmittelbar am Fenster oder auf dem Fensterbrett ungünstig. Plötzliches Absinken der Temperaturen wirkt hemmend auf Stoffwechsel und Blutkreislauf der Fische und mindert die Widerstandskraft gegen Krankheiten. Daher ist auch ein regelmäßiger Ganzwasserwechsel sowohl für die Fische als auch für die Pflanzen nachteilig. Die damit verbundenen Wärmeschwankungen bewirken oft Erkältungserscheinungen und somit Anfälligkeit gegen Infektionen verschiedener Art.

Für ein Warmwasserbecken ist eine Heizung unerlässlich. Bewährt haben sich elektrische Heizer nach dem Prinzip des Tauchsieders. Die Wattzahl soll etwa der Literzahl entsprechen. Die Kosten für den Stromverbrauch sind gering. Wir unterscheiden zwei Arten von Heizern: Den Normalheizstab und den Regelheizer. Dazu kommt der gesonderte Regler. In einem Becken von ca. 60 Litern Inhalt wird ein 60-Watt-Regelheizer verwendet. Für ein größeres Aquarium, etwa ein 200-Liter-Becken, ist es zweckmäßiger, die Wärmequellen auf mehrere Stäbe zu verteilen und mit einem separaten Regler zu schalten. In der Anschaffung ist das ohnehin billiger, weil das Regelgerät ungleich teurer ist als die Stäbe. Die Heizer werden mithilfe der Halterungen an den Seitenwänden angebracht. Die Stäbe sind aus Glas und umfassen ein Isolierrohr, um das ein dünner Draht gewickelt ist, der sich beim Durchfluss des Stroms erwärmt. Zusätzlich ist ein meist grün eingefärbter Sand in das Glasrohr gefüllt; er stabilisiert das Isolierrohr im Glaskolben und sorgt für gleichmäßige Verteilung der Wärme.

Heizer dürfen weder in den Bodengrund eingelassen werden, noch sollen sie die Aquarienglasscheibe berühren. Werden die Stäbe senkrecht ins Becken gegeben, so ist beim Teilwasserwechsel darauf zu achten, dass vorher der Netzstecker gezogen wird. Steht der Heizstab nämlich trocken und ist eingeschaltet, wird er sehr schnell überhitzt und das Glasrohr platzt. Ergebnis: Wasser und Heizelement kommen miteinander in direkten Kontakt – es gibt Kurzschluss. Ein noch so kurzer Stromstoß kann für den Pfleger gefährlich und für die Fische sogar tödlich sein.

Heutzutage sind so genannte Sicherheitssets (FI-Schalter mit Fühler bzw. Erdungselektrode aus rostfreiem Stahl) auf dem aquaristischen Markt, welche die Stromzufuhr im Sekundenbruchteil unterbrechen, wenn ein so genannter Fehlerstrom gemeldet wird. Bei einem Fehlerstrom von 30 Milliampere erfolgt dann die erwähnte „blitzschnelle" Un-

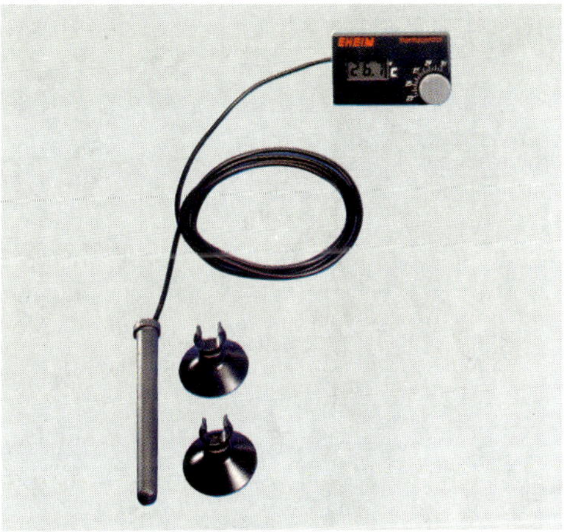

Elektronische Regler mit Warmfühlern haben die früher üblichen Bimetallregler abgelöst

Moderne EHEIM-Außenfilter mit eingebautem Heizelement

terbrechung. Bimetallregler, wie man sie in früheren Jahrzehnten hauptsächlich verwendete, sind inzwischen durchweg von elektronischen Reglern mit Wärmefühlern (siehe Abb. o. li.) abgelöst worden. Sie sind nicht nur genauer, sondern vor allem auch weniger störungsanfällig.

Moderne Außenfilter (siehe Abb. o. re.) sind mit eingebauten Heizelementen versehen, sodass dabei die Wassererwärmung **im** Filtertopf erfolgen kann. Ein mögliches Handicap kann sich allerdings bei einer notwendigen Filterreparatur außer Haus ergeben, da nun Filterung und Wassererwärmung vorübergehend zu ersetzen sind. Heizmatten und Heizkabel sollen hier nur kurz angesprochen werden. Die Erste wird unter den Aquarienboden gelegt bzw. das Becken auf die Matte gestellt. Auf diese Weise erfolgt die Wassererwärmung bereits durch den im Aquarium befindlichen Bodengrund, was die oft zitierten „kalten Füße" unserer Aquarienpflanzen ausschließt. Ein Nachteil der Matte: Haben diese Geräte einen Defekt, muss das schwere Aquarium darüber abgehoben werden. Gute Qualitätsheizkabel haben heute einen Mantel aus Silikonkautschuk, einem Material von besonderer Festigkeit und Elastizität. Sie werden mithilfe von Saugern auf dem inneren Aquarienboden in Schleifen verlegt, bevor der Grund (Sand oder Kies) eingebracht wird. Die Schaltung der beiden Heizsysteme erfolgt über einen Thermostaten, dessen Fühler (zur Feststellung der Ist-Temperatur) ins Aquarium gegeben wird.

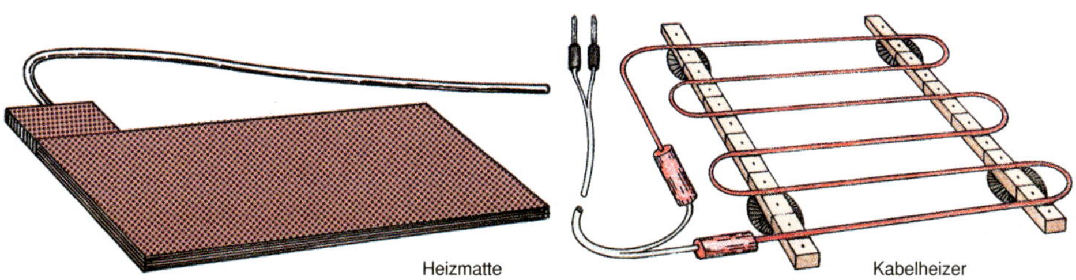

Neben den althergebrachten, aber immer noch aktuellen Glasheizern geben viele Aquarianer heute Heizmatten vor Kabelheizern (mit Niedervoltstrom) den Vorzug

Luft und Filterung

Eine ausreichende Belüftung des Wassers im Aquarium ist für die Fische lebensnotwendig. Je größer die Beckenoberfläche, desto mehr Luft kann das Wasser dort aufnehmen. Wichtig für die Sauerstoff/Kohlendioxid-Zirkulation an der Wasseroberfläche ist aber auch die Reinheit an dieser Stelle.

Gelegentlich kann sich eine sog. Kahmschicht bilden, die die Außenluft nachteilig vom Wasser abschließt. Eine solche schillernde, vor allem für Oberflächenfische gefährliche Schicht muss mit Fließpapier mehrmals abgesaugt werden. Als Dauerlösung bietet sich der so genannte Oberflächenabsauger in Verbindung mit einem Außenfilter (Eheim) an. Bei diesem Gerät wird ein Teil des in den Filtertopf einlaufenden Wassers von der Oberfläche abgezogen, wodurch eine Oberflächenfließbewegung entsteht, welche die Kahmschicht in kurzer Zeit abbaut bzw. nicht erst entstehen lässt.

Der wesentliche Bestandteil der Luft ist für das Aquarienwasser und die Fische der Sauerstoff, der auch vom Wasser reichlicher aufgenommen wird als z. B. der Stickstoff. Daher ist die in Wasser gelöste Luft relativ sauerstoffreicher als die atmosphärische. Verhältnismäßig hoch ist der Sauerstoffgehalt in kühlem Wasser, in stark bewegten Gewässern oder in Wassern, die reichlichen Pflanzenwuchs aufweisen. Dagegen entweicht Sauerstoff recht schnell aus stark geheizten Becken. Manche Arten tropischer Fische sind dieser Erscheinung aber angepasst (Labyrinther).

Sauerstoffmangel führt auf die Dauer zur Schwächung der Widerstandskraft der Fische und macht sie gegen Krankheiten aller Art anfällig. Wenn die Fische luftschnappend an der Oberfläche hängen, ist das ein Warnzeichen, dass das Wasser Sauerstoffmangel aufweist oder mit Kohlensäure übersättigt ist. Dem wird am besten durch teilweise, aber gleichtemperierte Wasserauffrischung abgeholfen, sofern man keinen Durchlüfter zur Verfügung hat. Die Verwendung von Wasserstoffperoxid (früher: Wasserstoffsuperoxyd) soll nur kurzfristig erfolgen und bringt auch Abhilfe. Langfristige oder gar dauernde Gaben von H_2O_2 sind nicht der rechte Weg, dem Wasser Sauerstoff zuzuführen. Die meisten Limnologen (= Süßwasserforscher) lehnen einen Dauereinsatz auch wegen schädigender Nebenwirkungen dieser Chemikalie ab.

Wenn die Ursachen in einer Überbesetzung mit Fischen, zu geringer Bepflanzung oder in zu starken Mulmansammlungen zu suchen sind – der Mulm verbraucht viel Sauerstoff –, ist für entsprechende Abhilfe zu sorgen.

Wie soll nun durchlüftet werden? Bekannt ist den meisten Fischpflegern, ob jung oder alt, der weit verbreitete Durchlüfterstein. Er ist durch einen Luftschlauch mit der neben dem Aquarium befindlichen Membranluftpumpe verbunden.

Membranluftpumpen gibt es in verschiedenen Leistungsstärken. Sie drücken meist zwischen 100 und 300 Liter Luft in der Stunde, gemessen an einer Wassersäule von 50 – 100 cm. Ihr Arbeitsprinzip ist relativ einfach: Ein Elektromagnet setzt eine Membrane in schwingende Bewegung; durch ein Ventil wird die angesaugte Luft in den Schlauchstutzen gedrückt. Die Pumpe muss eine ausreichende Leistung (Luftmenge) erbringen; denn sie hat auch Widerstand zu überwinden in Form des Wassergegendrucks im Becken. Außerdem bietet der Ausströmerstein mit seinem oft recht feinporigen Material einen gewissen Widerstand. Wer einmal versucht hat, mit dem Mund am Pumpenende diesen Druck herzustellen, weiß, was eine so kleine Pumpe ständig leisten muss.

Diese Art der Belüftung führt zwar nur zu einer relativ schwachen Sauerstoffanreicherung im Aquarium, die den Fischen aber in den meisten Fällen genügt. In kleineren Becken dient sie in erster Linie dazu, eine gewisse Bewegung im Wasser zu erzeugen, damit die verschieden erwärmten Schichten gut durchmischt werden. Leider hat aber dieses Ausströmverfahren auch einen erheblichen Nachteil, der allerdings bei Meerwasseraquarien noch störender ist als beim Süßwasserbecken. Die in das Aquarienwasser abgegebenen Luftbläschen sind relativ groß; die in den Blasen enthaltene Luft verursacht einen so starken Auftrieb, dass die eingegebene Menge direkt an die Oberfläche schießt, dort beim Entweichen Wasserpartikel mit hochnimmt und gegen die Abdeckscheibe schleudert. Da die meisten Aquarienwasser ja nicht frei von gelöstem Kalk sind, setzt sich diese in der Lösung befindliche Substanz an der Abdeckscheibe fest, wo sie nach dem Verdunsten des Wassers einen grauen, lichtundurchlässigen Film bildet, den man, wenn stark verkrustet, mit Essig oder Essigwasser lösen kann. Je nach Kalkgehalt des Wassers kann das recht schnell gehen; aber nicht jeder Aquarianer hat Zeit oder Lust, Woche für Woche solche lästige Arbeit auszuführen.

Hersteller der motorgetriebenen Außenfilter bieten seit langem einen so genannten Diffusor an. Das ist ein normales, zum System des Filteraufbaus passendes Rohr, in das an bestimmter Stelle ein kleiner Luftansaugstutzen eingelassen ist. Dieses Rohr wird in das Wasser-Auslaufsystem der Pumpe eingesetzt. Das meist unter einem bestimmten Druck herausgepresste Wasser wird an diesem Stutzen vorbeigeführt und reichert sich dabei mit Luft an. Diese Luft, die ja mit „angerissen" wird, muss nicht durch eine besondere Luftpumpe nachgedrückt werden. Es wird lediglich ein dünner Luftschlauch (aufsteigend!) vom Stutzen zur nächsten Frischluftquelle geführt, damit die Luft nicht etwa dem Zimmer entnommen wird und sich dabei auch das Negative (Tabakrauch, Gifte aus der Anti-Mücken-Sprayflasche etc.) ins Aquarium einschleichen kann.

Die durch den Diffusor in das Wasser gebrachte Frischluft setzt sich aus kleineren Bläschen zusammen, die – da feinperliger – länger durch das Wasser gebunden bleiben und deshalb unseren Fischen nützlicher sind. Wer solchen Diffusor verwendet, sollte deshalb nicht gleich die Luftpumpe abschaffen, weil sich als nützlich erwiesen hat, für die bekannten Notfälle eine zusätzliche Luftquelle zur Hand zu haben. Im Übrigen werden viele Aquarianer ohnehin zusätzlich eine Pumpe benötigen, sei es zum Ausbrüten der Artemia-Eier oder für irgendwelche kleinere Filteranlagen.

In Verbindung mit dem Eheim-Filter gibt es noch das sog. Düsenrohr, das ebenfalls das Wasser an der Aquarienoberfläche in Bewegung bringt und die aus dem Rohr in langer Reihe austretenden feinen Wasserstrahlen auf diesem Weg mit Sauerstoff anreichert.

Abschließend sei noch bemerkt, dass Luftzuleitungen – ob in Schlauch- oder Rohrform – wie Überläufe wirken, wenn die Luftpumpe einmal aussetzt, was hin und wieder vorkommt. Wenn der Druck, den die Pumpe im Schlauch erzeugt, nachlässt, setzt sich der Gegendruck durch. In dem Augenblick drückt er das Wasser im Schlauch hoch und kann, wenn es von der Wasseroberfläche bis zum Aquarienrand nicht weit ist, dieses kurze Stück auch noch überwinden, um dann – wieder abwärts – das Wasser aus dem Becken laufen zu lassen. Darum sollte man eine Luftpumpe stets oberhalb der Wasseroberfläche aufstellen oder, falls das aus irgendeinem Grund nicht möglich ist, ein Rückschlagventil zwischensetzen (speziell für die Süßwasseraquaristik von Hobby).

Die Reinerhaltung des Aquarienwassers ist ein strenges Gebot in der Aquaristik. Es genügt nicht allein, das Wasser optisch klar zu halten. Das ist allerdings eine äußere Reinheit, die natürlich auch wichtig ist, weil die Fische klar und deutlich zu sehen sein sollen.

Verunreinigungen entstehen durch Futterüberschüsse und die Abgabe von Verdauungsrückständen durch die Fische. Um sie dem Wasser wieder zu entziehen, benötigt man in der Hauptsache einen Filter. Die Filterung des Aquarienwassers war früher eine Methode, die sich in Kleinstbehältern abspielte. Erst die modernen Filter rechtfertigen das Wort „Filter" aber wirklich.

Die Flüsse, Seen und Bäche in der Heimat unserer meisten Aquarienfische sind (noch) so unverschmutzt, dass ihr Wasser durch Selbstreinigung die als ideal bekannten Werte hält. Da Aquarienfische keine besonders große Menge Wasser zum Leben bekommen, verschmutzt dieses Aquarienwasser zwangsläufig auch schneller. Selbst bei größerem

Pflanzeneintrag ist es fast nie in der Lage, die organischen und anorganischen Abfallprodukte mit der Zeit so abzubauen, dass die ursprünglichen Idealwerte beibehalten werden. Hier hat die Filterung eine wichtige Funktion.

Um Missverständnissen vorzubeugen muss zunächst einmal gesagt werden, dass kein Filter ohne unser Zutun bei hohem Fischbesatz das Aquarienwasser auf dem ursprünglichen Idealwert (falls es einen gegeben hat) halten kann. Man muss dabei auch wissen, wie das Wasser sich verändert. Um die Tiere bei richtiger Temperatur halten zu können, wird das Wasser erwärmt, das heißt in der Regel auf Werte zwischen 22 und 26 °C angeheizt. Ein Teil des Wassers verdunstet – aber nur reines Wasser! Die darin gelösten Mineralstoffe verdunsten nicht mit, sondern verbleiben jeweils im Wasserrest. Frisches Wasser wird nachgefüllt und enthält wiederum, da es ja meistens nicht destilliert wird, Mineralien. Auf solche Art und Weise wird das Wasser im Aquarium mineralisch immer „dichter", weil die eingebrachten Stoffe sich mit der Zeit konzentrieren. Außerdem konzentriert sich auch der Kalk und macht das Aquarienwasser immer härter. Messreagenzien (z.B. zur Messung der Wasserhärte, Durognost, Dupla, Tetra) zeigen im Übrigen deutlich, wie schnell sich die Werte im Becken verändern können.

Wie lässt sich das Härterwerden des Wassers vermeiden? Warmes Wasser verdunstet schneller als etwas kühleres. Viele Fische werden zu warm gehalten. Das Heizgerät sollte nie wärmer eingestellt sein als nötig. Dadurch wird die Verdunstung des Wassers verlangsamt. Ideal wäre außerdem ein Nachfüllen mit sehr mineralarmem, also schon nahezu destilliertem Wasser, doch dürfte diese Methode meistens zu teuer sein. Die besten und preiswerteste Lösung ist eine teilweise Wassererneuerung. Das biologische Gleichgewicht im Aquarium ist allerdings kaum zu schaffen. Es ist schon insofern problematisch, als man sich meistens aus Gewichtsgründen kein so großes Becken leisten kann, wie es dafür nötig wäre. Befinden sich zu viele Fische im Verhältnis zur Wassermenge im Aquarium, ist das eine wesentliches Hindernis auf dem Weg zum biologische Gleichgewicht. Am ehesten können vielleicht die bekannten holländischen Pflanzenaquarien – sehr große Becken mit meist fantastischen Pflanzenbeständen und nur sehr geringen Fischzahlen – dieses Gleichgewicht erreichen.

Wie wird nun richtig gefiltert? Um diese Frage zu klären, muss man sich zunächst einmal informieren über Verschiedenartigkeit und Wirksamkeit der einzelnen Filterarten. Grundsätzlich unterscheiden wir zwei Filterarten: Innen- und Außenfilter, die wiederum unterteilt sind in Schnell- und Langsamfilter.

Ein Innenfilter wird, wie schon der Name sagt, im Innern des Aquariums angebracht, ist also, was manchen Fischfreund stört, sichtbar. Die meisten Langsam-Innenfilter haben ein durchsichtiges Kunststoffgehäuse in Dreiecksform, das – mit Luftheber betrieben – in eine Aquarienecke gesetzt wird. Von Nachteil ist dabei, dass aller Mulm durch die

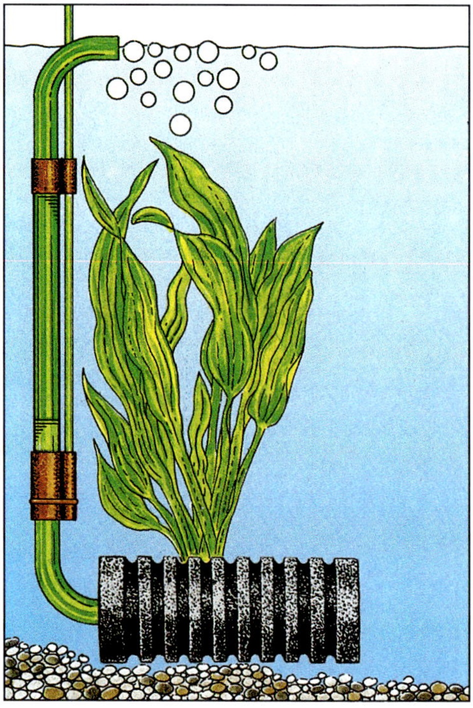

Innenfilter mit leicht zu reinigender Schaumstoffpatrone (Tetra), die nur unter einem Wasserstrahl ausgedrückt zu werden braucht

Wasserumwälzung angezogen wird und sich in der Nähe des Filters ablagert. Will man ihn dann reinigen und herausnehmen, muss man erst den Mulm aus der Umgebung des Filters absaugen, was immer eine heillose Aufregung unter den Fischen und meist auch getrübtes Wasser verursacht. Als Innenfilter geeigneter sind deshalb die Patronen-Innenfilter (vgl. Abb. S. 20), die mit Saugern an eine Aquarienscheibe geheftet werden und ebenfalls mit Luftheber arbeiten. Zum Reinigen wechselt man lediglich eine Schaumstoffpatrone gegen eine saubere aus.

Motorgetriebene Innenfilter kennen wir in verschiedenen Typen und Fabrikaten. Aus Gründen des Raumverbrauchs ist ihr Aufnahmevermögen beschränkt, denn ein Innenfilter kann nicht groß sein. Tunze hat den so genannten Systemfilter auf den Markt gebracht, bei dem die Filtertöpfe sich zu 4/5 über dem Wasserspiegel befinden. Das hat die Vorteile, dass erstens im Becken nicht viel davon zu sehen ist und zweitens das Auswechseln der Filtermasse (fast) mit trockenen Händen geschehen kann. Wer für bestimmte Fische oder Beckentypen (zum Beispiel Schmerlenbecken) eine stärkere Wasserströmung erreichen möchte, kann dieses Filtersysstem mit unterschiedlichen (in diesem Fall besonders starken) Pumpen ausrüsten.

Ein motorbetriebener Innenfilter kann beispielsweise mit Perlonwatte gefüllt sein

Die meisten motorbetriebenen Innenfilter früherer Baureihen hatten Nachteile, die der Marktführer Eheim durch eine neue, zukunftsweisende Baureihe mit perfekter Technik und komfortabler Handhabung ersetzt hat (Abb. oben). Als besonders praktisch wird das so genannte Pick-up-System empfunden: Zur Reinigung wird nur der Filterbehälter abgenommen, während das Motorgehäuse mit Anschlusskabel fest an seinem Platz im

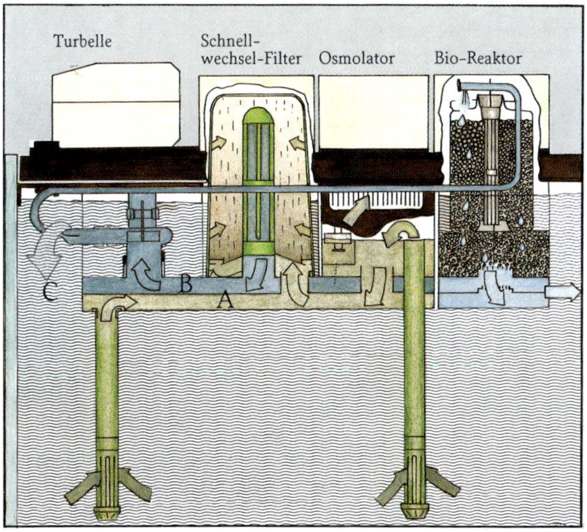

Beim Systemfilter von Tunze wird das Wasser mit der Kraft der Turbelle durch den Schnellfiltertopf gedrückt und ein Tei davon anschließend über einen Bio-Reaktor gerieselt. Die Anlage (zum großen Teil oberhalb des Wasserspiegels) kann beliebig erweitert werden

A Schmutzwasserkanal

B Reinwasserkanal

C Auslauf Filterwasser. Die größere Menge fließt direkt ins Beckenwasser zurück, eine kleinere wird über eine Schlauchleitung dem (den) Bio-Reaktor(en) zugeführt

Zwei Typen des neuen Eheim-Intervallfilters: Reinigen, umwälzen und gleichzeitig exakt temperieren, dazu eine Impulssteuerung – alles ist möglich

Aquarium bleibt. Die Pumpenleistung ist regulierbar, sodass die Fördermenge dem Aquarienvolumen angepasst werden kann. Durch eine um jeweils 90 °C drehbare Auslaufdüse kann das Wasser gezielt in die gewollte Richtung geleitet werden. Bei den größeren und damit stärkeren Modellen lässt sich ein Diffusor anschließen. Die regelmäßige Reinigung des Innenfilters ist wichtig! Es genügt nicht, den Dreck im Filtermaterial zu binden: Er muss vollends aus dem Kreislauf entfernt werden.

Außenfilter setzen sich in der Aquaristik besser durch. Vermutlich liegt der Grund darin, dass ein Aquarium innen „schön" aussehen soll. Das hat zur Folge, alle möglichen technischen Geräte außerhalb des Aquariums unterzubringen. Vom Außenfilter sieht man im Innern des Beckens nur den Stutzen des Wasserauslaufs, und zwar bei allen Arten von Außenfiltern.

Vom Einsatz langsamer Außenfilter ist man in der modernen Aquaristik weitestgehend abgekommen. Dafür werden neue „Intervallfilter" entwickelt (siehe Abb. oben), die den momentan letzten Stand der Aquarientechnik darstellen: Einsetzbare Filterkörbe, trennbare Schlauchadapter und integrierte Absperrhähne. Der anspruchsvolle Aquarianer kann darüber hinaus nicht nur das Filtervolumen vergrößern, sondern sich auch einer Impulssteuerung bedienen. Bei dieser werden die bei den Abbau der Schadstoffe notwendigen Bakterien besser mit Frischluft – genauer mit Sauerstoff – versorgt. Dadurch wird die Filterleistung erhöht (vgl. auch Thema „Bio- oder Bakterienfilter", Seite 26), und damit verlängert sich auch die Standzeit der Filtermasse.

Für den kühlen Rechner entwickelte Eheim bereits vor einigen Jahren ein anderes Außenfiltermodell (siehe Abb. S. 23 o. re.), das zwar gegenüber früheren Modellen eine weniger große Druck- bzw. Förderhöhe erreicht (sie ist bei richtiger Positionierung des Topfes weniger wichtig), dafür aber auch nur eine sehr geringe Leistungsaufnahme (Wattzahl) hat.

Einen Intervallfilter bietet Eheim übrigens auch denjenigen Aquarianern an, die einen größeren, außen angehängten Kastenfilter vorziehen. Dieses Modell trägt den Namen „AquaPlus" arbeitet jedoch ebenfalls mit einer eingebauten, im Filterwasser befindlichen Pumpe.

Alle Typen der genannten Außenfiltermodelle sind auch als so genannte Thermofilter erhältlich (vgl. Thema „Wärme") und zu diesem Zweck mit regulierbaren Heizelementen versehen.

Wie gesagt: Auch wenn man Filtertöpfen gelegentlich längere Standzeiten bescheinigt, gereinigt müssen sie werden.

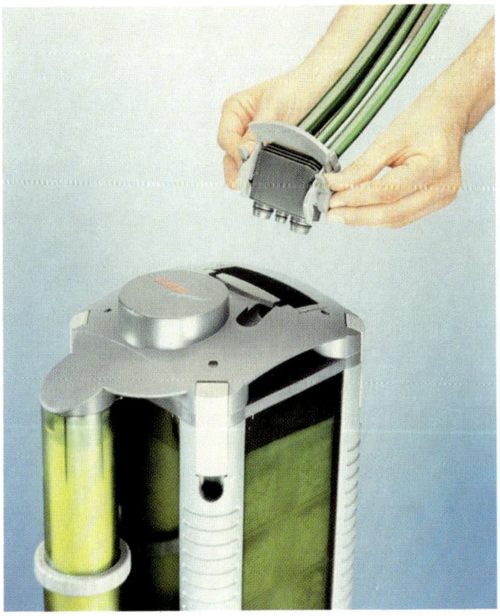

Funktioneller Schlauchadapter für komfortable Anschlusstechnik. Mit integrierten Absperrhähnen, Schlauchsicherung und Verriegelungsbügel

Die stromsparenden Filtertöpfe (Außenfilter) ermöglichen dank ihres großen Volumens und der eingesetzten Filtermedien eine gezielte Wasserbehandlung. Ihre Größe richtet sich nach dem Beckeninhalt. Das Aquarienwasser soll pro Stunde 1- bis 1,5-mal umgewälzt werden

Dieser oder jener „Fischfreund" verrichtet diese Arbeit aber nur alle 3–4 Monate! In solchem Fall kann der Dreck eigentlich gleich im Aquarium bleiben. Zwar sieht das Aquarienwasser anschließend wieder klar und rein aus, leider ist das in solchem Fall nur optisch so, und im Filtertopf sieht es schlimm aus! Dort befindet sich nämlich die Kloake, durch die das Wasser dann wiederum mehrere Male in der Stunde geleitet wird. Ein wirklich nicht erfrischender Gedanke! Wie ist es möglich, dass die Pumpe trotz verschmutzten Durchlaufs ihre Leistung nicht mindert? Weil das Wasser sich in solch großem Topf immer eine Stelle sucht, durch die es fließen kann. Ist das Filtermaterial z.B. im Nylonsäckchen (oder in mehreren) untergebracht, so liegen diese oft nicht an allen Topfseiten fest an, und das Wasser kann dazwischen „durchschlüpfen". Die Fehler sollten dann aber nicht beim Hersteller gesucht werden, sondern beim Pfleger des Aquariums.

Es gibt eine ganze Reihe verschiedenen Filtermaterials: Sand, Kies, Perlonwatte, Filterkohle, Torf oder neue synthetische Filterkombinationen, um nur einige zu nennen.

Sand und Kies eignen sich bekanntlich zur Filterung sehr gut. Bewährt hat sich eine Kombination von beiden: grober Kies/feiner Kies/Sand, weil in dieser Masse die feinen Schwebestoffe besonders gut zurückgehalten werden. Die unterschiedliche Körnung verhindert ein Verpappen und ein Zusammenrutschen der Masse. Von Nachteil ist ein relativ hohes Gewicht. Perlonwatte ist beliebter als Sand, weil sie einfacher zu handhaben ist. Sie wiegt wenig und lässt sich leicht auswaschen. Glaswatte, wie sie hin und wieder noch zum Isolieren von Heizungsrohren verwendet wird, kann gefährlich sein. Dieses Material weist gegenüber der Perlonwatte nur Nachteile auf. Das spröde Material lässt sich nicht gut reinigen, und feine harte Faserteile, die ins Aquarium gelangen, können die Fische schädigen.

Filterkohle ist eine so genannte Aktivkohle; sie wird verwendet, um dem Wasser organische Stoffe zu entziehen. Man füllt sie in der Reihenfolge des Filterdurchlaufs hinter die Grobreinigung (Kies oder Perlonwatte). Das hat seinen Grund darin, dass Filterkohle eine sehr feinporige Struktur hat und nur wirksam arbeiten kann, wenn diese gegen grobe mechanische Verstopfung geschützt wird. Das Wasser muss also mithilfe von Kies oder Perlonwatte schon vorgefiltert sein, sonst ist die Kohle in kürzester Zeit unbrauchbar.

Dieses Vorfiltermaterial hat nur eine begrenzte Aufnahmefähigkeit für diesen Grobschmutz und muss – je nach Verschmutzungsgrad des Aquarienwassers – häufig gereinigt werden, weil sonst sein Zweck nicht erfüllt wird.

Kohle soll, wie gesagt, organische Verunreinigungen entfernen. Sie kann das nur, indem sie die Eiweißrückstände zurückhält. Dieses Eiweiß ist nichts anderes als die Vorstufe von Ammoniak, Nitrit und Nitrat – Giftstoffe, die das Leben im Aquarium entscheidend beeinflussen können. Diese Gifte lassen sich nämlich durch Kohle nicht sauber entfernen. Wer nun, wie im Abschnitt über den motorgetriebenen Außenfilter bereits gesagt, seinen Filterinhalt samt Kohle nicht ziemlich oft auswechselt, hat lediglich die Schwebestoffe entfernt und nichts erreicht. Die in der Kohle gespeicherten Eiweißrückstände zersetzen sich nämlich auch in diesem Filtermaterial, und die Umwandlung in das erwähnte Gift beginnt. Wer also Kohle als Filtermaterial wählt, muss sie auch konsequent auswechseln (ca. alle drei Wochen), sonst hat die Kohle überhaupt keinen Sinn. Praktisch gesehen ist aber ein häufiger Wasserwechsel die bessere Lösung. Aktivkohle filtert, richtig eingesetzt, im Übrigen auch verschiedene ins Wasser gegebene Chemikalien (Medikamente, Vitaminpräparate etc.) aus dem Aquarienwasser.

Torf wird zu Unrecht als Filtermaterial angesehen: Torf hält nichts zurück – Torf gibt etwas ans Wasser ab, nämlich Huminsäuren. Wer sein Aquarienwasser über Torf „filtert", muss damit rechnen, dass dieses Wasser bald einen bräunlichen Stich bekommt. Der zusätzliche Einsatz von Torf ist zu empfehlen, sein Einfluss auf das gesamte Leben im Aquarium ist unwidersprochen. Allerdings ist nicht jeder Torf für den Einsatz im Aquarium geeignet, und man soll die sorgfältig zusammengestellten Torfe prüfen, die der aquaristische Handel bietet. So ist der Gehalt an Huminstoffen nicht überall gleich.

Ein weit verbreiteter Irrtum ist, jeder Torf sei sauer. Das stimmt nicht – doch ausgerechnet sauren Torf will der Aquarianer für seine Zwecke haben. Der Gartenhandel bietet heute „verbesserte" Torfe an, die ihre Wirkung im Garten nicht verfehlen werden, doch die für den Aquarianer (durch Anreicherung mit unkontrollierbaren Düngepräparaten) nicht gut sind und von denen er die Finger lassen sollte. Ähnlich wie Filterkohle verliert auch Torf nach einer gewissen Zeit des Einsatzes seine Wirkung. Der Ansäuerungseffekt lässt (je nach Wasservolumen und Durchlaufgeschwindigkeit) nach: Der Torf ist verbraucht! Will man dieses Aquarienwasser weiterhin auf dem gehabten Stand halten, muss der Torf gegen unverbrauchten ausgewechselt werden.

Was soll das nun alles? Wasseransäuerung, Huminstoffe? Torf enthält neben Huminstoffen und organischen Säuren auch hormonartige Stoffe, weshalb Gärtner in aller Welt dieses Material zur Aufzucht von Jungpflanzen und anderen empfindlichen Zuchten (Orchideen) benutzen. Torf färbt das Wasser bräunlich. Das sagt natürlich (s. o.) noch nichts über seine Qualität für aquaristische Zwecke aus.

Bekanntlich sind die Bakterien im Aquarium maßgebend daran beteiligt, dass die organischen Rückstände zersetzt und ab- bzw. umgebaut werden. Viele Aquarienwasser, die nicht richtig gepflegt werden, sind überladen mit Schmutzstoffen. Die Folge ist in solchen Fällen, dass sich die Aquarien zu Brutstätten von Bakterien entwickeln. Es kommt zu Wassertrübungen, die durch Vermehrung der Protozoen (Einzeller) entstehen. Fische wie Pflanzen zeigen bei einer solchen, mit dem Auge nicht wahrnehmbaren Vermehrung der Bakterien stets eine negative Reaktion. Mit der Torffilterung treten wir diesem Problem entgegen. Richtig durchgeführt, vermindert sie die Keimzahl im Aquarienwasser. Viele der empfindlichen und als schwer zu züch-

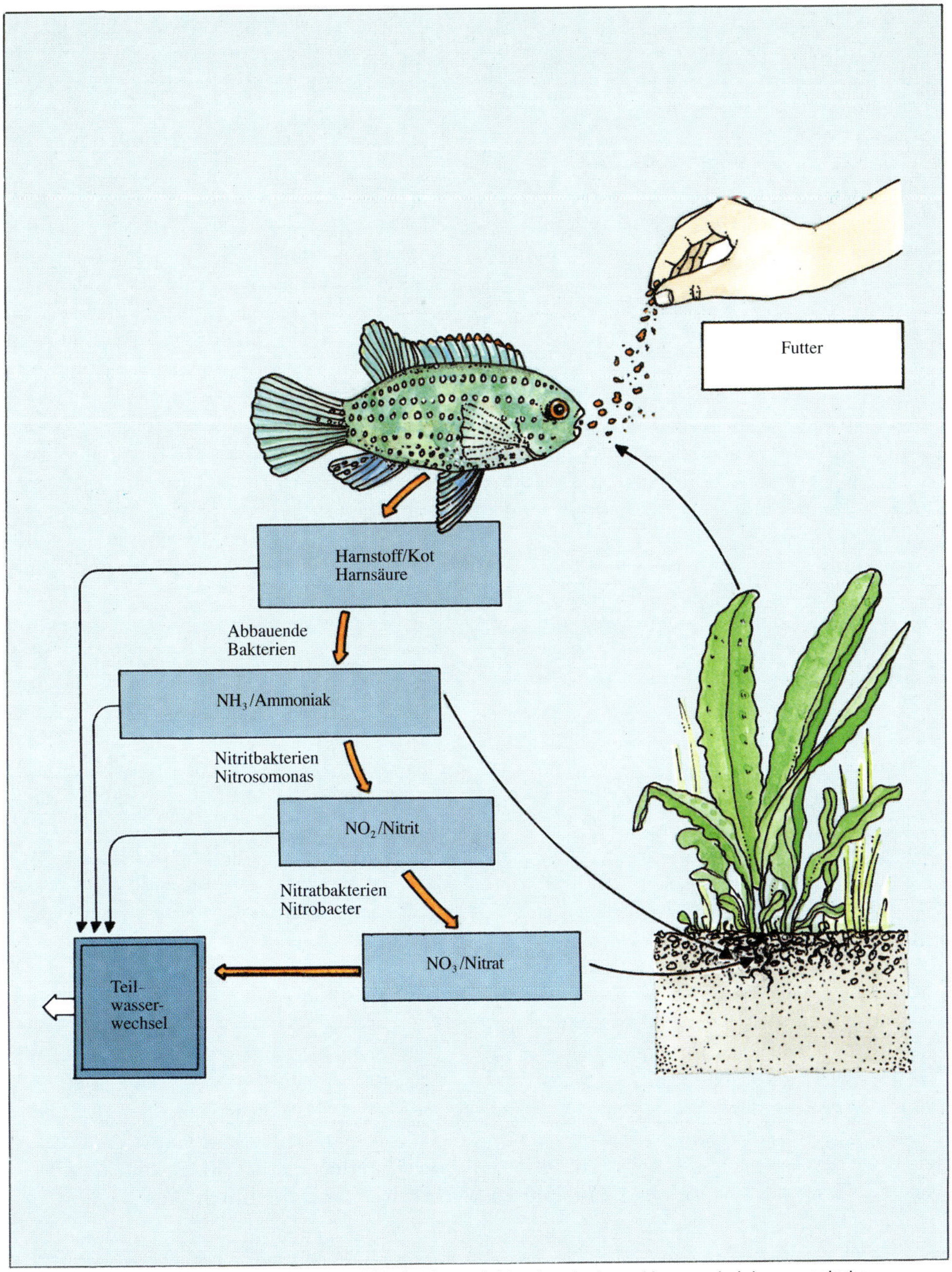

Der Stickstoffkreislauf ist ein komplizierter und für das Auge nicht wahrnehmbarer Vorgang, bei dem organische Abfallprodukte (Kot und Urin der Fische, Futterrückstände usw.) zersetzt und über Ammoniak und Nitrit in Nitrat umgebaut werden. Verschiedene Bakterienarten sind dazu geeignet, diesen Abbauprozess zu gewährleisten. Nitrat lässt sich nur mit größerem technischen Aufwand – aber auch mithilfe eines regelmäßigen Teilwasserwechsels – aus dem Aquarienwasser entfernen tenden bekannten Aquarienfische (Rote Neon, Diskus u. a.) sind zweifellos besonders bakterienempfindlich, gerade ihre Zucht gelingt nur in entsprechend präpariertem Wasser.

Wie schon erwähnt, verbraucht sich der Torf unter Umständen schnell. Sein Abbau im Aquarium ist abhängig vom Umfang der Fischbesetzung und dem damit verbundenen Bakteriengehalt des Wassers. Die Torfsubstanzen werden von den Bakterien allmählich zersetzt und der Torf muss erneuert werden. Da nicht jeder Torf gleiche Eigenschaften und gleichen Gehalt an Huminstoffen hat, ist es schwer, präzise Angaben zu machen. Durchschnittlich sollte ein Torffilter alle 3 bis 4 Wochen erneuert und dabei zugleich ein teilweiser Wasserwechsel ($^1/_4$ – $^1/_3$) mit vorgenommen werden.

In den letzten Jahren hat ein Filtersystem mehr und mehr Fuß gefasst, das alles andere als neu ist: der Bio- oder Bakterienfilter. Unter dem Begriff „Bio" läuft heute vieles; darunter versteht man in der Aquaristik so viel wie „auf natürlichem Wege". Wörtlich lässt sich die Vorsilbe „Bio" mit „Leben" übersetzen.

Bakterien übernehmen die Wiederaufbereitung des Wassers, indem sie die organischen Verschmutzungen, mit denen das Aquarienwasser nach kurzer Zeit belastet wird (Kot, Futterreste usw.), ab- bzw. umbauen. Diese für ihre Arbeit viel Sauerstoff benötigenden (aeroben) Bakterien haben Namen, wie jedes Lebewesen, das in der wissenschaftlichen Systematik registriert ist: *Nitrosomonas* wandelt Ammoniake in Nitrite, *Nitrobacter* Nitrite in Nitrate um. Dieses Endprodukt in der Abbaukette ist relativ ungiftig, schadet in höherer Konzentration jedoch auch wiederum den Fischen. Bei Werten um 150 mg/l wird die Sache bedenklich, weshalb ein regelmäßiger Teilwasserwechsel jedem Aquarianer empfohlen wird. Mit ihm bekommt das Aquarienwasser auch einen Austausch gegen wesentlich geringere Nitratwerte.

In einem Bakterienfilter kommt es in erster Linie darauf an, den erwähnten Gehilfen bei der Wasseraufbereitung einen optimalen Arbeitsraum zu schaffen, in dem auch der notwendige Sauerstoff in möglichst reichem Maß vorhanden ist. Man unterscheidet Nass- und Rieselfilter. Ein Nassfilter ist dauernd mit Wasser überdeckt; die Strömung soll so angelegt werden, dass das fließende Wasser eine möglichst große Strecke zurücklegen muss, dabei aber immer wieder eine kurze Strecke sprudelnd fließt, um dabei Sauerstoff aufnehmen zu können.

Ein Rieselfilter lässt im Namen bereits erkennen, dass bei ihm das Wasser rieselt, das heißt unter ständig neuer Sauerstoffzufuhr steht.

Man kann Rieselfilter mit bewusst großer Oberfläche bauen, was eine relativ schnelle Wasserverdunstung nach sich zieht. Hochgebaute Rieselfilter dagegen weisen einen solch hohen Verdunstungsgrad nicht auf. Man kann sie besser abdecken. Als Bakteriensubstrat können kleinere Lavabrocken („Lavalit"), Abfall vom erwähnten Grottengestein oder im Handel ebenfalls erhältliche Tonröhrchen verwendet werden. Filter dieser Art kann man meist nicht im Handel erwerben: Man muss sie selber bauen.

Merke: Bei der Verwendung von Antibiotika (Chemotherapeutika) soll man sich bewusst sein, dass diese Heilmittel für alle Bakterien tödlich sind. Es ist daher geraten, solche Medikamente nur in Quarantänebecken anzuwenden.

Das Wasser

Jeder weiß sicher aus eigener Erfahrung, dass Wasser nicht gleich Wasser ist. Was aber ist „Wasser"? Es ist mehr als eine durchsichtige klare Flüssigkeit, Faktoren wie Wasserhärte, pH-Wert, Kohlensäure, elektrische Leitfähigkeit und osmotischer Druck spielen eine Rolle, können hier jedoch nur angedeutet werden.

Wasser hat mancherlei Eigenschaften (mit Ausnahme des destillierten Wassers), vielerlei Stoffe sind in ihm gelöst. Unterschiedliche Landschaften bringen unterschiedliches Wasser hervor. Das Wasser nimmt Stoffe aus dem Boden auf, durch den es fließt, und wird damit von der Landschaft bestimmt.

Im Gegensatz zum Meerwasser, das über unendlich große Gebiete in direkter Verbindung miteinander steht und daher in seiner Zusammensetzung auch recht gleichartig ist, sind Flüsse und Seen weit mehr durch die sie umgebenden Medien (Sumpfgebiete, Landschaften mit Kalkgestein usw.) geprägt.

Meerwasser ist durch den aus dem Gebiet seines Grundes gelösten Kalk enorm mineralhaltig und damit auch hart (über 300 °dH). Bei Flusswasser ist das anders. Beispielsweise hat der Rio Negro (Schwarzer Fluss), ein Nebenfluss des Amazonas, ein äußerst weiches, mineralarmes Wasser. Der Grund liegt darin, dass in dem durchflossenen Gebiet der Kalk vollständig fehlt. Ein starker Anteil an Huminsäuren (Sumpfgebiete bei Überschwemmungen, Laub, faulendes Holz) und ein hoher Kohlensäurewert bedingen bei diesem dunkelbraunen Wasser (Schwarzwasser) einen stark sauren pH-Wert. Fast alle bekannten Giftstoffe (Ammoniak, Nitrit und Nitrat) fehlen, woraus resultiert, dass Fische aus diesen Gebieten oft heikle Gäste im Aquarium sind, die viele Ansprüche an den Pfleger stellen. Außerdem gibt die Mineralarmut jenem Wasser einen sehr geringen elektrischen Leitwert, was wiederum einen niedrigen osmotischen Druck nach sich zieht. Diese Werte sind dafür maßgebend, dass sich die Fische dieses Raumes in unserem Wasser nur sehr schwer züchten lassen. Seit man die naturgegebenen Zusammenhänge erkannt hat, konnte man die Wasserverhältnisse nachahmen und bessere Erfolge erzielen.

Die Wasserhärte setzt sich zusammen aus der Karbonathärte (KH) und der Sulfat- oder Nichtkarbonathärte (NKH). Dabei ist die Stärke der Karbonathärte sehr abhängig von weiteren äußeren Faktoren. Die Lösung des Kalks ist abhängig von der Menge der freien Kohlensäure. Andere Länder unterscheiden sich teilweise noch in den Errechnungsarten. Wir messen bei der deutschen Härte (dH) nach dem Verhältnis: 1°dH = 10 mg Calciumoxyd gelöst in 1 Liter Wasser.

In den letzten Jahren sind unsere Wasserwerke dazu übergegangen, die uns Aquarianern vertrauten Bezeichnungen wie dH, dGH oder dKH nicht mehr zu verwenden und statt ihrer mit dem In-Kraft-Treten des so genannten Waschmittelgesetzes die Härtewerte in Millimol anzugeben. Für die seitherige Bezeichnung „Gesamthärte" steht jetzt „Summe Erdalkalien", für „Karbonathärte" jetzt „Karbonationen der Erdalkalien" und für „Nichtkarbonathärte" entsprechend „Nichtkarbonationen der Erdalkalien".

Ich meine, die Aquaristik tut recht daran, die alten Begriffe beizubehalten und die „modernen" Zungenbrecher zu missachten.

Wenn Sie jedoch Ihr Wasserwerk anrufen, um die Werte Ihres heimatlichen Leitungswassers zu ermitteln, ist es wahrscheinlich, dass Sie mit den neuen Begriffen Bekanntschaft machen. Daher dieser Tipp: 1 mmol (Millimol) entspricht 56,08 mg CaO/l. Es genügt im Grunde zu wissen, dass man 1 Millimol mit der Zahl 5,6 multiplizieren muss, um auf 1 Grad deutsche Härte (= 1 °dH) zu kommen. Nennt Ihr Wasserwerk Ihnen den Wert von beispielsweise 2,7 mmol, so heißt das (x 5,6): Ihr Wasser hat eine deutsche Gesamthärte von 15,1 °.

Bei der Haltung verschiedener Fischarten ist die Härte des Aquarienwassers oft von entscheidender Bedeutung. Dabei genügt es nicht, nur den Grad der Gesamthärte zu bestimmen, man muss in erster Linie die Karbonathärte kennen, die auch als zeitlich bedingte (temporäre) Härte bezeichnet wird. Sie beruht auf der Anwesenheit von Calciumkarbonat, das aus der Bindung von Kohlensäure an Calcium entsteht und sich durch Kochen beseitigen lässt.

Die zweite Härte bezeichnet man als bleibende (permanente) Härte. Die Sulfathärte beruht auf Calciumsulfat und Magnesiumsalzen. Sie lässt sich nur auf chemischem Weg beseitigen: durch die Enthärtung des Wassers mit Soda, Natriumphosphat, Permutiten und Wolfatiten. Als Basis für alle Messungen dient das destillierte Wasser mit einem Härtegrad von 0.

Nach dem Härtegrad des Wassers haben sich einige Pauschalierungen eingebürgert:

sehr weiches Wasser	=	0 – 4 ° dH
weiches Wasser	=	5 – 8 ° dH
mittelhartes Wasser	=	9 –13 ° dH
ziemlich hartes Wasser	=	13 –18 ° dH
hartes Wasser	=	19 –30 ° dH
sehr hartes Wasser	=	über 30 ° dH

Die angenommenen Härtegrade im Leitungswasser der Städte haben sich in den letzten Jahren oft verändert. Die Wasserreserven

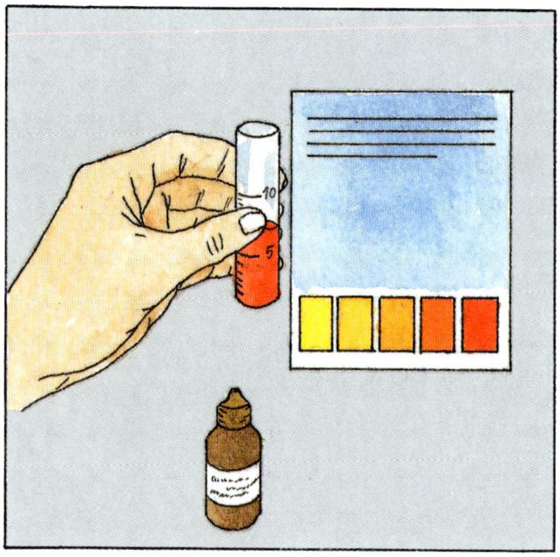

Bei Tests mit Messreagenzien wird die erzielte Färbung des untersuchten Wassers mit der beigegebenen Farbskala verglichen. An ihr kann das Messergebnis dann abgelesen werden

aus den Rückhaltesystemen genügten nicht mehr. Neue Quellen mussten erschlossen und neue Zuleitungen in die Zentren verlegt werden. Dadurch haben die Wasserwerke möglicherweise von einem Wasser auf das andere „umgeschaltet". Der Aquarianer, der ja diesen oder jenen Härtegrad „seines" Wassers kannte, wunderte sich dann, warum sich manche Dinge in seinem Becken veränderten. Deshalb sollte jeder Pfleger von Fischen und Pflanzen das Angebot der aquaristischen Industrie wahrnehmen und mit den gebotenen Messreagenzien (Durognost, Dupla, Sera, Tetra) seine Wasserhärte nachmessen und u. U. regulieren.

Was haben wir nun für Möglichkeiten, wenn das aus unserer Leitung fließende Wasser nicht den Härtegrad hat, den wir für unser Aquarium oder auch für die Zucht (hier herrschen meist noch strengere „Gesetze") benötigen? Sehr einfach, aber in den meisten Fällen wohl zu kostspielig, ist es, das Leitungswasser mit destilliertem Wasser zu vermischen. Dieses Wasser ist vollentsalzen und am zweckmäßigsten in der Apotheke zu besorgen, weil dort bei seiner Gewinnung die größte Sorgfalt auf Reinheit (hier: im aquarischen Sinne) angewendet wird. Bei der Herstellung von Wasser für die meist kleineren Zuchtbecken kommt es dem Züchter vor allem darauf an, dass das Wasser „stimmt", selbst wenn das zunächst etwas teurer ist.

Wasser auf eine ganz bestimmte Zusammensetzung einzustellen ist dann ganz einfach, wenn man die Voraussetzungen beherrscht. Zuerst einmal werden natürlich die Werte des Ausgangswassers benötigt:
Beispiel: Herstellung eines Zuchtwassers von 2 °KH bei Leitungswasser von 16 °KH und deestilliertem Wasser von 0 °KH.
Ergebnis: 14 Teile destilliertes Wasser und 2 Teile Leitungswasser mischen. Dieses Gemisch ergibt 2 °KG.

Ähnlich lässt sich die Zusammenstellung eines Wassers errechnen, wenn wir nach Mikro-Siemens-Werten (s.d. Besprech.) suchen. Dabei ist wiederum vom Leitungswasserwert und dem des destillierten Wassers auszugehen und nach dem gleichen System zu errechnen und zu mischen.

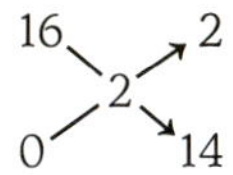

Das einfachste Verfahren zur Wasserenthärtung ist, das Wasser abzukochen (Entfernung der temporären Härte). Eine weitere Methode ist das Filtern über Permutite.

Ist dagegen das Wasser zu weich – was in selteneren Fällen vorkommt –, rührt man etwas Gips sehr dünn an; diese dünne Brühe gießt man durch eine neue Kaffeefiltertüte in das Aquarienwasser, bis es den gewünschten Härtegrad erreicht hat.

Außer im Härtegrad unterscheiden sich alle Wasser durch ihren Gehalt an Säuren oder Basen. Es gibt leicht saures und leicht basisches oder alkalisches Wasser. Den Mittelwert nimmt das destillierte Wasser ein, das weder sauer noch alkalisch ist.

In jedem Wasser sind nämlich eine bestimmte Anzahl von H_2O-Molekülen gespalten in H+-Ionen (positiv geladene Wasserstoffionen) und OH-Ionen (negative Hydroxid-Ionen). Bei neutralem oder destilliertem Wasser ist die Anzahl dieser H- und OH-Ionen gleich. Es hat eine Wasserstoff-Ionen-Konzentration von 10 – 7 g in 1 Liter Wasser, sodass sich also 0,0000001 g H-Ionen und ebenso viel OH-Ionen darin befinden.

Diese Zahl nennt man den pH-Wert des Wassers, was so viel wie *potentia hydrogenii* = Kraft des Wasserstoffs bedeutet. Der Bequemlichkeit halber schreibt man nicht die ganze Zahl, sondern nur die Potenz der Wasserstoffzahl ohne das negative Vorzeichen.

Der pH-Wert des destillierten Wassers ist also 7, pH = 7. Auch der pH-Wert des Regen- und Schneewassers liegt bei 7. Im sauren Wasser ist der pH-Wert kleiner als 7, beim alkalischen Wasser ist er größer als 7. Gewässer der gemäßigten Zone haben pH-Werte von 7,5 bis 9, sind also (mit Ausnahme der Moor- und Sumpfgewässer) mehr oder weniger alkalisch. Tropische Gewässer dagegen haben pH-Werte von 5 bis 6,8, sind also mehr oder weniger sauer.

pH-Werte zu messen ist nicht mehr schwer. Die Industrie liefert dem Aquarianer Messrea-

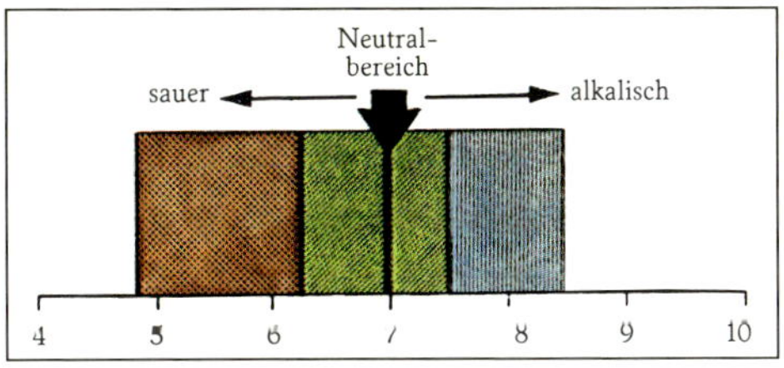

Die meisten Pflanzen gedeihen am besten in einem Wasser, dessen pH-Wert um den Neutralbereich oder (besser noch) leicht darüber liegt. Bei Werten unter 5,0 und über 8,5 hören die meisten auf zu wachsen oder sterben ganz ab

genzien, mit denen mühelos die gesuchten Werte zu bestimmen sind. Diese Reagenzien (Dupla, Sera, Tetra) gibt es im Zoogeschäft. Die Packungen enthalten eine Farbscheibe oder -tafel, die man nach dem Messvorgang mit der Färbung des Aquarienwassers vergleicht (Abb.) und so den entsprechenden Wert abliest.

Das Ansäuern erfolgt mit verdünnter Phosphorsäure. $^{1}/_{10}$ der Säure wird in 10 l Wasser gelöst, 3 – 4 Tage lang stehen gelassen und dann dem Beckenwasser so lange zugesetzt, bis der gewünschte pH-Wert entstanden ist. Am besten ist ein spezielles Präparat für die Aquaristik (z. B. Torumin), das den in fast allen Gewässern durch abgefallene Blätter, Früchte, Ast- und Rindenstücke entstehenden Ansäuerungen entspricht. Zudem stellen Gerbstoffe infolge ihrer bakterienhemmenden Wirkung ein wichtiges Schutzmittel gegen Bakterienbefall für jene Fische dar, die in der Natur in nicht alkalischem, weichem Wasser leben. Eine leichte Ansäuerung kann man mit einem Torffilter erreichen. Meist genügt es aber, das enthärtete Wasser über einen mit Torfmull gefüllten Kescher laufen zu lassen, ehe man es in das Becken füllt.

Da Gerbstoffe sich durch ihre Bindung an Eiweißstoffe (Futter, Fische, Mikroben) ständig vermindern, müssen sie ersetzt werden. Auch das zeitweise Filtern mit Torfeinlage ist angebracht. Solche Gerbstoffbecken eignen sich vor allem zur Pflege von Neonfischen, für einige Nannostomus-Arten (Ziersalmler, Längsbandsalmler), Aphyosemion-Arten, Keilfleckbarben und Zwergrasbora. Doch darf der Gerbstoffgehalt nicht zu hoch werden, da sonst die Pflanzen darunter leiden, weil das Licht durch die Verfärbung des Wassers sehr geschwächt wird.

Beim Testen soll ein 10 cm hoch gefülltes Reagnzglas gegen eine weiße Unterlage von oben her hellbernsteingelb erscheinen. Bei Überschuss lässt sich durch einen Kohlefilter Gerbstoff wieder entfernen. Solche Manipulationen nimmt man am besten im fischfreien Wasser vor. Alle Korrekturen im besetzten Becken müssen natürlich vorsichtig ausgeführt werden.

Der pH-Wert ist kein konstanter Faktor, sondern dauernden Schwankungen unterworfen. In tropischen Gewässern sind Schwankungen zwischen 5 bis 6,5 nicht selten. Auch sind Härte und pH-Werte in belebten Wassern voneinander abhängig. Jedenfalls müssen pH-Wert-Messungen möglichst immer zur gleichen Stunde erfolgen, um vergleichbare Werte zu bekommen.

Die günstigen pH-Werte für Süßwasserfische liegen (und das ist artbedingt) zwischen etwa 5,5 und 8,5. Sicher ist den meisten Aquarianern inzwischen bekannt, dass die Cichliden aus den zentralafrikanischen Seen (= Malawi-, Tanganjika- und Viktoriasee) an höhere pH-Werte gewöhnt sind. Sie gewöhnen sich auch an niedrigere Werte wie etwa 7,5 (Malawisee = 8,5; Tanganjikasee = 9,0), zeigen jedoch bessere Farben wie auch mehr Vitalität, wenn der pH-Wert dem der normalen Lebensräume so nahe wie möglich kommt. Es fiel bisher schwer, solch hohe pH-Werte zu puffern. Durch den Einsatz einer neuen Mineralien- und Spurenelementkombination (Tagis: Malawi-Tangajikasalz) kann dem abgeholfen werden.

Bei Hebung oder Senkung der Härte- und pH-Werte des Wassers gibt es bei vielen Aquarianern Fragen. Daher ein paar kurze „Rezepte": Wie man Wasser enthärtet und zu Zuchtwasser mischt, wurde bereits beschrieben.

Das Aufhärten des Wassers, wie es beispielsweise für eine Reihe von lebendgebärenden Zahnkarpfen von Vorteil ist (Salz allein ist nicht immer das Maß aller Dinge), lässt sich durch Zusatz von Calcium- oder Magnesiumsulfat erreichen. Langfristig kann man auch wasserhärtende Materialien für sich arbeiten lassen, indem man sie (Marmorstücke, Seewasser-Kalkgestein oder Korallensand) in den Wasserkreislauf oder ins Becken selbst bringt. Man darf jedoch nicht übertreiben und soll in bestimmten Abständen die sich neu einstellende Härte kontrollieren.

Soll der pH-Wert gesenkt werden, so genügt in vielen Fällen die Filterung über Torf. Wer seine Pflanzen mit CO_2 „füttert" (Kohlensäuredüngung), säuert sein Wasser an, wie der Name „Säure" bereits erkennen lässt. Es ist weiter das bereits erwähnte Ansäuern mithilfe von Phosphorsäure bekannt, doch sollte man in jedem Fall die Finger von Chemikalien lassen, deren Einsatz man nicht genau ausprobieren kann! In vielen Fällen wird das Wasser ohne besonderes Zutun zu sauer (Biofilter). Der einfachste Weg ist ein umfangreicherer Teilwasserwechsel, den aber dann in mehreren Schüben.

Leitungswasser ist nie extrem sauer, meist sogar leicht basisch (= pH-Wert über der Neutralgrenze von 7,0), weil Säure das Leitungssystem angreift. Ist das Beckenwasser durch überhöhte Gabe von Kohlensäure zu sauer geworden, hilft ein kräftiges Durchlüften, wodurch die Kohlensäure ausgetrieben wird. Eine echte Erhöhung des pH-Wertes kann man durch Zusatz basischer Chemiaklien erreichen, wie Natriumhydrogenkarbonat (= $NaHCO_3$; früher als Natriumbikarbonat bekannt) oder Natriumkarbonat (= Na_2CO_3).

Zur normalen Haltung der bekannten tropischen Zierfischarten müssen nicht (!) die oft extremen Wasserwerte ihres natürlichen Lebensraums ins Aquarium übertragen werden. Zuchtwasser jedoch muss in vielen Fällen den außergewöhnlichen Ansprüchen der Fische genügen. Nun gibt es heute Entsalzungsfilter, die jeden Wunsch erfüllen. Fische, die bei der Zucht ohne sehr weiches Wasser nicht auskommen, sind beispielsweise bei den Salmlern: *Paracheirodon axelrodi, P. innesi* (Neonsalmler), *Hyphessobrycon heterorhabdus* (Dreibandsalmler), *H. loretoensis* (Loretosalmler), *Nannostomus trifasciatus* (Dreibandziersalmler) oder *Phenacogrammus interruptus* (Kongosalmler), bei den Karpfenfischen und hier insbesondere den Rasboren: *Trigonostigma heteromorpha* (Keilfleckrasbora) und *R. maculata* (Zwergbärbling); bei den Buntbarschen verschiedene Apistogramma-Arten (Zwergbuntbarsche) – dazu beide Diskusfischarten *(Symphysodon discus und S. aequifasciatus)*; schließlich ist aus der Familie der Labyrinther neben einigen Bettas der Schokoladengurami (*Sphaerichthys osphromenoides*) als eine Art bekannt, deren Vertreter ganz besondere Ansprüche an Wasser und Nahrung stellen.

Es gibt Fische, wie einige Poecilia-Arten, die leichtes Brackwasser, also einen Kochsalzzusatz, verlangen (1 geh. Esslöffel = 30 g/10 l, alle 2–3 Wochen wiederholt). Auch für Aphyosemion-Arten ist ein Salzzusatz angebracht (1 geh. Teelöffel = 15 g/10 l), wie es überhaupt ratsam ist, jedem Beckenwasser eine geringe Salzmenge zuzugeben, also 1 Teelöffel/30–50 l pro Woche. Ein solcher Zusatz fördert das Gedeihen besitmmter Pflanzen, hält das Wasser bakterienfrei, beugt somit parasitärem Befall der Fische vor und erübrigt zu häufigen Wasserwechsel sowie Filterung.

Das Salz wird in einem Glas Warmwasser gelöst und langsam, unter Umrühren mit der Hand dem Beckenwasser zugegeben, damit das schwere Salzwasser sich gut mit dem Beckenwasser vermischt. Am besten ist es, das Salzwasser in 3 Portionen über den Tag verteilt zuzusetzen.

Auch wenn man dem Wasser verdünnte Salizylsäure zugibt, hält es sich monatelang klar und frisch: 1 g Salizylsäure auf 300 g Wasser, davon 3 Esslöffel auf 20 l Beckenwasser geben. In Angleichung an die ständige Wasserzustandsveränderung in der Natur durch Regen und Schneeschmelze muss das verdunstete Beckenwasser mindestens alle 2–3 Wochen ergänzt werden (Wasserergänzung). Am besten hält man da destilliertes oder Regen- bzw. Schneewasser in einem Kunststoffregenfass mit verschließbarem Auslauf (Gartenhandel) bereit. Vielfach ist es ratsam, zumal im Hochsommer oder in lichtarmen Jahreszeiten, mindestens alle 1 bis 2 Monate zudem etwa 10–30% Beckenwasser abzusaugen und es durch „Frischwasser" zu ergänzen, je nach der Art der Fische (Wasserauffrischung).

Frischwasser ist 2–3 Tage abgestandenes Leitungswasser oder destilliertes sowie Regen- und Schneewasser, das nicht abgestanden zu sein braucht. Jedenfalls muss man verhindern, dass sich noch Luftbläschen darin befinden. Frischwassserzusatz regt auch, wie der Tropenregen, die Fische vielfach zur Fortpflanzung an.

Besondes in der älteren Literatur finden wir häufig den Begriff „Altwasser". Obgleich man diesen Ausdruck heute kaum noch verwendet, sollte erklärt werden, dass es sich dabei um über mehrere Wochen abgestandenes Wasser handelt, das in einem Sonderbecken auf einen gewünschten Qualitätsstand gebracht werden konnte (evtl. Behandlung über Torf) und auf diese Weise für die Zucht zur Verfügung steht. Keinesfalls ist mit einem solchen Wasser ausgedientes und mit Giftstoffen (Nitrat usw.) angereichertes Wasser gemeint!

Selbstverständlich muss man ständig um die Reinheit des Wassers bemüht sein, was jedoch nicht schwer fällt, wenn die Abfallstoffe aus der Schlammecke täglich abgesaugt werden und ein kleiner Salzzusatz das Wasser sauber hält. Man verhütet dadurch auch, dass sich giftiger Schwefelwasserstoff bildet, der wie faule Eier riecht. Wenn das Wasser einen schwachsumpfigen Geruch annimmt, so hat das nichts zu sagen.

Für klares und gesundes Wasser sorgt vor allem ein Filter, der aber nicht nötig ist, wenn das Aquarium biologisch gut eingerichtet ist, d. h. einen guten Pflanzenwuchs aufweist und nicht zu viel Fische besitzt.

Dann arbeiten die Pflanzen in Verbindung mit den Fischen und Bodenbakterien ähnlich wie ein Filter.

Es sollen nun noch zwei Punkte aufgegriffen werden, die in erster Linie den Züchter interessieren mögen: nämlich die „elektrische Leitfähigkeit" des Aquarienwassers und sein „osmotischer Druck". Beide Bezeichnungen stehen in engem Zusammenhang.

Dass Wasser leitet, wissen manche Aquarianer nicht nur aus der Theorie. Wer nicht sorgfältig mit den elektrischen Geräten umgeht, erfährt irgendwann, wie gut Wasser leitet: „Er kriegt einen geschossen." In der Tat wirkt ein durch das Aquarienwasser geleiteter Stromstoß wie ein Schuss. Je höher die elektrische Leitfähigkeit des Wassers ist (im

Meerwasser liegt sie wesentlich höher als im Süßwasser), umso besser und kompakter leitet der Block Wasser den Strom weiter. Diese Leitfähigkeit ist abhängig von der Menge der in dem Wasser gelösten Mineralstoffe. Dazu gehören die Härtebildner und auch andere Salze. Karbonathärte und elektrische Leitfähigkeit liegen oft in ihren Werte derart beieinander, dass man für 1 °KH = 30 µS angeben kann. Diese µS = Mikro-Siemens geben die Grade der Leitfähigkeit an, bezeichnen also das Messergebnis.

Die Leitfähigkeit – der Elektrolytgehalt – des Wassers bestimmt in überwiegendem Maße auch die „osmotischen Verhältnisse" im Aquarienwasser. Dieser osmotische Druck ist ebenfalls entscheidend für den biologischen Wert des Zuchtwassers; die meis-ten Zuchten gelingen nur, wenn Soll- und Ist-Werte einander so nahe wie möglich kommen.

In der tropischen Heimat der Aquarienfische ist das Wasser meist sehr weich und mineralarm. Wie schon beim Thema „Wasserhärte" erwähnt, finden sich in den Gewässern des Amazonasbeckens oft so extreme Wasserwerte, dass man sich wundert, wie Fische in Flüssen mit z. B. einem pH-Wert unter 5 leben können. Bekanntlich leben u. a. Rote Neons in solchem Wasser, und es war bis vor einigen Jahren kaum möglich, diese kleine Kostbarkeit in der Aquaristik nachzuzüchten, so wenig wie einige Rasbora-Arten aus Südostasien. Die in neuerer Zeit erzielten Zuchterfolge sind in erster Linie auf die Erkenntnis der Zusammenhänge zwischen elektrischer Leitfähigkeit des Aquarienwassers und den osmotischen Druck zurückzuführen.

Die Leitfähigkeit des Wassers wird mit einem kleinen Gerät im Taschenformat gemessen: dem Transistor-Leitwertmesser. Dieses Gerät, von verschiedenen Herstellern angeboten, ist relativ preiswert und gibt dem interessierten Züchter genaue Werte. Die Bestimmung des Leitwerts erfolgt bei 20 °C. Wenn bei der Messung im Freien das Wasser nicht auf diese Temperatur zu bringen ist, so muss sie mitgemessen und angegeben werden. Die Angabe erfolgt dann als μS_{26} oder ähnlich. Die Temperatur des Wassers hat einen entscheidenden Einfluss auf das Messergebnis, was Meerwasseraquarianer bei Feststellung der Wasserdichte ebenfalls beachten müssen. Leitwerte zwischen 25 und 140 µS sind ideal.

Dass man das Wasser auch unter Berücksichtigung der elektrischen Leitfähigkeit mischen kann, wurde schon erwähnt als Ergänzung zum Thema Wasserhärte. Nur muss dann beachtet werden, dass zwar destilliertes Wasser 0 °KH oder auch °dH haben kann, fast nie jedoch 0 µS. Die Praxis hat gezeigt, dass destilliertes Wasser immer noch eine Leitfähigkeit um 2 µS hat. In unserer Kreuzrechnung muss dann nur anstelle der 0 eine 2 eingesetzt werden.

Werden Fische in Wasser mit anderen Werten umgesetzt, so ist das nicht immer problemlos, was auch für die Änderung des Leitwertes gilt. Wird der Leitwert im Zuchtbecken stark herabgesetzt, so muss das Zuchtpaar langsam an das neue Wasser gewöhnt werden, indem man das Wasser in dem Transportbeutel in Etappen (ca. eine Stunde lang) mit dem neuen Wasser mischt.

Es ist naturbedingt, dass Fische, die aus sehr mineralarmen Gewässern stammen, zur Nachzucht auch dann dieses Wasser brauchen, wenn sie schon seit Generationen in härterem und mineralreicherem Wasser gehalten wurden. Die Ursache dafür liegt im Aufbau des Fischeies. Diese Eier wie auch die Spermien (Samen) bestehen aus Zellen, die mit einer dünnen Haut, der sog. Membran, umgeben sind. Die Zellen enthalten unter anderem auch Wasser und dieses Wasser wiederum gelöste Mineralien. Das Ei aber ist umgeben von Wasser, in dem ebenfalls Mineralien gelöst sind.

Hier treffen also, getrennt nur durch die dünne Eimembrane, zwei Elemente aufeinander, die zwar gleich zu sein scheinen, es aber häufig nicht sind.

Jetzt kommen wir zum „osmotischen Druck". In den Eiern und dem sie umgebenden Medium Wasser herrscht ein Druckunterschied, wenn die elektrische Leitfähigkeit des Ei-Innendrucks mit der des Wasser-Außendrucks nicht übereinstimmt. Natürlich kann man den Wert des Innendrucks nicht messen, doch liegt er bei den als schwierig bekannten Arten immer sehr niedrig – also im Bereich des vorher angegebenen Idealwerts. Innen- und Außendruck müssen also im Bereich des vorher angegebenen Idealwerts. Innen- und Außendruck müssen also übereinstimmen. Dieses Problem heißt „osmotischer Druck". Osmose ist ein Vorgang, bei dem sich zwei Flüssigkeiten durch ein dünnes Häutchen (Membran) hindurch miteinander verbinden. Die Konzentration einer Lösung und damit ihr osmotischer Druck werden dabei herabgesetzt. Dieser Druck bewirkt auch die elastische Straffung der Zellwände.

Für die Züchtung ergibt sich daraus folgender Sachverhalt: Ist die Konzentration der Innenlösung bei Eiern und Spermien von Fischen, die aus weichen und sehr mineralarmen Regionen stammen, gering, und gelangen diese Zellen in ein Wasser mit höherem Leitwert, also auch höherem osmotischen Druck, so wird den Zellen Wasser durch die sie umgebende Membran entzogen: sie schrumpfen. Hat das Wasser dagegen einen zu niedrigen osmotischen Druck, so werden die Zellen aufgetrieben, bis sie platzen. Das sind Vorgänge, die sicher mancher Züchter schon beobachten und sich vielleicht nicht erklären konnte.

Wie schon erwähnt, kann das Wasser zu verbesserter Qualität aufbereitet werden mithilfte destillierten Wassers. Dieses Verfahren ist zwar einfach, aber auch kostspielig, vor allem dann, wenn das Leitungswasser hart ist und zur Füllung eines Beckens größere Mengen benötigt werden (z. B. zur Zucht von Diskusfischen). In solchem Fall gibt es für den Aquarianer zwei Möglichkeiten: weiches Naturwasser in Kunststoffkanistern aus einem anderen Gebiet zu holen, u. U. von weit her, oder das Wasser selbst auf chemisch-physikalischem Wege aufzubereiten. Eine dritte Möglichkeit, die Finger von der Sache zu lassen, wird, je nach Zeit und Geldbeutel, oft erst dann erkannt, wenn schon zu viel investiert ist.

Der Wassertransport in Kanistern sieht natürlich auf den ersten Blick einfacher aus, als eine gut funktionierende Anlage zur Wasseraufbereitung herzustellen. Aber zuerst einmal muss man eine Stelle gefunden haben, an der man auch immer das Wasser bekommen kann. Zudem muss man sich überlegen, wie viel Kanister man zum Transport benötigt und ob das Fahrzeug genügend Raum hat. Für ein Diskusbecken braucht man mindestens 200 Liter Wasser – das wären zehn 20-Liter-Kanister, die transportiert werden müssten. Außerdem kann man in den meisten Fällen dieses Wasser nicht mehr mit dem heimischen Leitungswasser vermischen, weil es schon einige Grade an Härte und einen entsprechenden elektrischen Leitwert hat. Es bliebe auch nicht beim einmaligen Wassertransport: Die Tiere benötigen dauernd eine teilweise Wasserauffrischung.

So ist im Grunde eine Wasseraufbereitungsanlage von vornherein die bessere Lösung, wenn sie auch nicht gerade billig ist und in Abständen regeneriert werden muss.

Unser Leitungswasser ist also das Ausgangsmaterial, das verbessert werden soll. Dafür muss vorausgesetzt werden, dass man alle Werte dieses Wassers kennt. Weiterhin sollten die natürlichen Lebensbedingungen der Fische bekannt sein, für die das Wasser verbessert werden soll. Es gibt zwei Möglichkeiten, das Wasser zu verbessern: die Teil- und die Vollentsalzung. In beiden Prozessen werden dem Wasser Härtestoffe entzogen. Die Beachtung des pH-Wertes ist dabei nicht notwendig, weil er später einreguliert werden kann.

Bei der Teilentsalzung wird die Karbonathärte, die in unseren Breiten ja $^4/_5$ der Gesamthärte ausmacht, entfernt. Man spricht deshalb auch von Entkarbonisierung. Oft genügt dafür schon ein starkes Erhitzen (Durchlauferhitzer, volle Kraft). Eine Filterung über Torf kann weitere Erfolge bringen. Wo alles nichts nützt, sind Kunstharzaustauscher das sicherste Hilfsmittel. Eine Vollentsalzung wird dann vorgenommen, wenn die Teilentsalzung nicht genügend gutes Wasser hergibt. Hat das Rohwasser einen zu hohen Anteil Nichtkarbonathärte (NKH oder Sulfathärte), so muss die Vollentsalzung an eine Teilentsalzung angeschlossen werden. Dadurch wird es völlig entmineralisiert. Die-

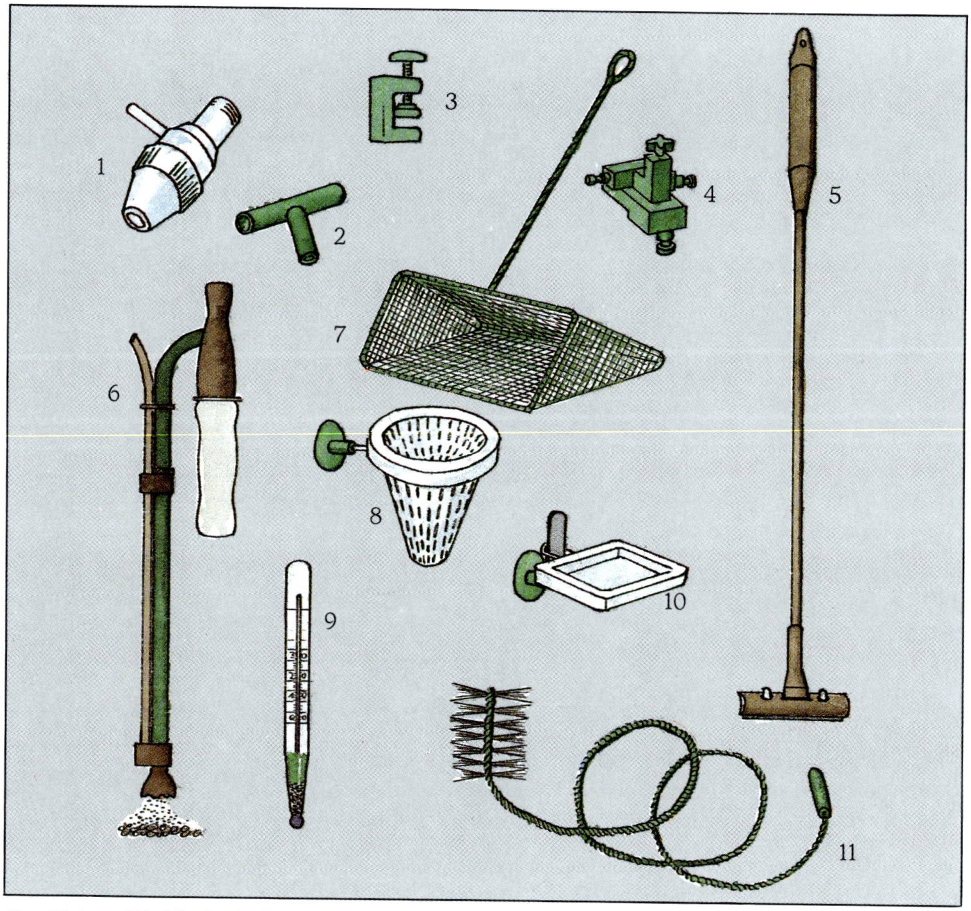

Verschiedenes Zubehör, das der Aquarianer immer wieder benötigt: 1. Eheim-Diffusor, 2. T-Schlauchverbindung, 3. Luftschlauchklemme, 4. Luftschlauch-Verteiler, 5. Scheibenreiniger mit Klinge (Tetra), 6. Mulmabsauger mit Luft (Tetra), 7. Fangnetz oder Kescher, 8. Tubifex-Sieb zum Einhängen, 9. Thermometer, 10. Ring für Trockenfutter, der sich mit dem Wasserstand heben und senken kann, 11. Rohr- und Schlauchbürste

ses Wasser hat dann, biologisch gesehen, die gleichen Eigenschaften wie destilliertes Wasser. Mit ihm und geringen Teilen des ursprünglichen Leitungswassers lässt sich dann nach der angegebenen Kreuzmischung das passende Aquarien- oder Zuchtwasser herstellen. Es würde hier zu weit führen, die Konstruktion einer solchen Vollentsalzungsanlage zu erklären. Dafür gibt es entsprechende Spezialliteratur.

Abschließend sei zum Thema Wasser noch gesagt, dass die Meinung, Regenwasser könnte ganz weiches Wasser ersetzen, leider heute nicht mehr zutrifft. Theoretisch ist das natürlich dann noch möglich, wenn das Gebiet, in dem das Wasser aufgefangen wird, weit entfernt liegt von industriellen Verunreinigungen der Luft, auch von Müllverbrennungsanlagen, sofern diese nicht durch starke Filterung der Abgase die Umwelt nur noch zu einem sehr geringen Umfang belasten. Im Gegensatz zur so genannten Vollentsalzung mit Hilfe von Ionen-Austauschharzen, bei der bestimme An- und Kationen gegen andere ausgetauscht werden und dabei Rückstände von Giftstoffen (wenn auch nur spurenweise im Trinkwasser aus der Leitung enthalten) nicht entfernt werden, hält die Revers- oder Umkehrosmose alle Gifte wie Schwermetalle und Pestizide im Konzentrat zurück.

Umkehrosmose scheint für viele etwas Neues darzustellen. Neu ist sie jedoch grundsätzlich nicht. Neu ist die Tatsache, dass Industrie und Handel dem Aquarianer heute kleine, handliche Geräte anbieten, mit deren Hilfe er sein Wasser sehr rein machen kann. Selbst einige der als recht problematisch bekannten Zierfische, die früher als nicht nachzüchtbar galten, kann heute jeder, der die Zierfischzucht grundsätzlich beherrscht, ohne weiteres zu Fortpflanzung bringen.

Die neuen Geräte müssen drei Anforderungen erfüllen: Erstens soll ihre Arbeit das Medium Wasser im Sinne des gewünschten Erfolges verbessern. Zweitens darf die aktive Wirkung keine ungünstigen Veränderungen in chemischer oder physikalischer Hinsicht hervorrufen. Drittens muss die Ausbeute des reinen, guten Wassers (Permeat) in einem gesunden Verhältnis zu der des Abwassers (Konzentrat) stehen. Zudem soll die so genannte UO-Anlage so wartungsfrei wie möglich sein.

Bei den meisten Aquarianern werden für die Umkehrosmose nur Kleinanlagen eingesetzt, wie sie der aquaristische Handel anbietet. Professionelle Züchter müssen da andere Vorstellungen entwickeln. Solche Aquarien arbeiten in jedem Fall mit Druck. Bei Kleinanlagen hilft dabei der Wasserdruck, der normalerweise mit 4 – 6 bar aus dem Rohr der Hausleitung gedrückt würde, wären da keine regulierenden Elemente (Ventil, Wasserhahn) dazwischengeschaltet. Es versteht sich, dass man sich im Umgang mit einer Druckanlage dieser Tatsache bewusst sein muss. Deshalb Vorsicht: Verschraubungspannen können teuer werden!

Was versteht man nun unter Umkehrosmose? Wie der Name bereits ausdrückt, arbeitet sie nach dem umgekehrten Prinzip wie die natürliche Osmose: Auf eine höher konzentrierte Lösung wird ein Druck ausgeübt, der größer ist als der normale osmotische Druck. Dieser hohe Druck zwingt die Wassermoleküle durch die halbdurchlässige (semipermeable) Membran von der höher konzentrierten in die niedriger konzentrierte Lösung. Gut vorgefiltertes Leitungswasser (Schwebeschmutz würde die Membranen verschmutzen) wird bei Kleinanlagen mithilfe des heimischen Wasserdrucks (bei größeren Anlagen mit einer Druckpumpe) dem Membranträger (Permeator) zugeführt. Ein Teil des Wassers tritt durch die Membran und lässt dabei die gelösten Stoffe zurück. Das so erzielte Reinstwasser nennt man Permeat. Es verlässt den Membranträger durch einen besonderen Auslass. Der Teil des Rohwassers, der zurückbleibt, und in dem die einbehaltenen Salze nun stark konzentriert sind, nennt man Konzentrat. Dieses Wasser ist aber immer noch geeignet, Blumen zu gießen usw., muss also nicht in den Ausguss gegeben werden.

Das so erhaltene Permeat oder Reinstwasser ist in dieser Form für die Fische noch lebensfeindlich. Sein elektrischer Leitwert (gemessen in Mikro-Siemens µS/cm) befindet sich nahe der Null-Grenze. Es muss (am besten mit der Kontrolle eines Leitwertmessers) entweder mit den im Handel erhältlichen sauberen und kochsalzfreien Mineralien bis etwa 60 bis 100 µS/cm verschnitten werden oder man nimmt dazu Leitungswasser – aber das natürlich nur in begrenzten Mengen. Um ein tropisches Milieu mit leicht saurem Wasser zu erreichen, kann man das Wasser noch über Torf filtern.

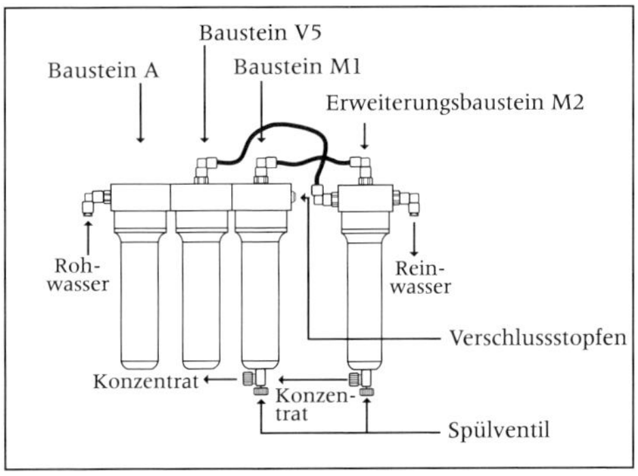

Eine für die Aquaristik konzipierte Umkehrosmoseanlage von Rowa zum schrittweisen Nachrüsten: Mit einem Aktivkohlefilter (Baustein A) und einem ebenfalls vorgesetzten Feinfilter (Baustein V5). Der folgende Baustein der Umkehrosmose (Baustein M1) kann durch ein Erweiterungselement (Baustein M2) ergänzt werden, um die tägliche Permeatleistung zu erhöhen. Je nach heimischem Wasserdruck und gewünschter Leistung muss dann eine Druckerhöhungspumpe eingesetzt werden.

Wasserpflanzen

Um Wasserpflanzen einzusetzen, füllt man das Becken etwa 10 cm hoch mit Wasser. Vor dem Einpflanzen sind sie von etwa anhaftenden Fadenalgen, Schneckenlaich, faulen Stellen usw. zu reinigen und dann für etwa 20 Minuten in einer rosafarbenen Lösung von übermangansaurem Kali (Kaliumpermanganat) zu desinfizieren. Auch ein 5–10 Minuten dauerndes Bad in einer Alaunlösung (1 Teelöffel/1 l Wasser) oder von Wasserstoffperoxid (1 Teelöffel/1 l Wasser) ist zu empfehlen. Danach sind die Pflanzen vorsichtig abzuspülen. Die Wurzeln können etwas gestutzt werden, um sie zu schnellerem Wachstum anzuregen.

Beim Einsetzen beginnt man mit den höchsten Pflanzen an der Rückseite des Beckens, während man die Schauseite möglichst frei lässt oder hier nur klein bleibende und rasenbildende Pflanzen einbringt. Jedoch müssen die Wurzeln entsprechend ihrem natürlichen Wachstum eingepflanzt werden.

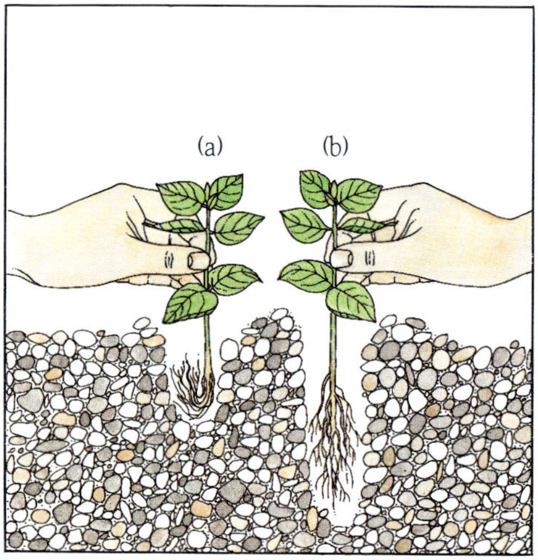

Das Wurzelwerk der eingesetzten Pflanzen wird in einem vorbereiteten Wurzelloch untergebracht. Dazu wird mit dem Finger ein Loch in den Bodengrund gebohrt, die Pflanze ein wenig tiefer als bis zum Wurzelhals, aber mit gestrecktem Wurzelwerk, eingesetzt, der Boden leicht angedrückt und die Pflanze vorsichtig bis zur Höhe des Wurzelhalses wieder emporgezogen (b). Die Wurzelspitzen dürfen nicht umgebogen sein (a)

Wasserkelche *(Cryptocorynen)* und Sumpfschrauben *(Vallisnerien)* treiben ihre Wurzeln senkrecht nach unten. Dafür wird mit Zeige- und Mittelfinger ein entsprechendes Loch in den Bodengrund gebohrt, die Pflanze mit Daumen und Zeigefinger oder mit einer breiten Holzpinzette ein wenig tiefer als bis zum Wurzelhals, aber mit gestreckter Wurzel, eingesetzt, der Boden leicht angedrückt und endlich die Pflanze vorsichtig bis zur Höhe des Wurzelhalses wieder herausgezogen. Bei Sumpfschrauben soll der Wurzelhals sogar etwas herausragen. Die Wurzelspitzen dürfen nicht umgebogen sein.

Für jede Pflanze wird eine Bodenfläche von 5–6 cm^2 gerechnet, jedoch richtet sich der Abstand der Pflanzen nach ihrer Größe. Größere Wasserkelche *(Cryptocoryne griffithii und C. ciliata oder C. beckettii)* benötigen einen Abstand von mindestens 15 cm.

Wasserähren *(Aponogeton)* und Schwertblatt *(Echinodorus)* haben Flachwurzeln, die nur wenige Zentimeter unter der Bodenfläche bleiben. Für sie bildet man mit den Fingern eine entsprechend lange, nach außen etwas vertiefte Mulde, breitet darin die Wurzeln fächerförmig aus und deckt sie wieder mit Bodengrund zu. Kleinere Stücke sollen etwa 8–10 cm, größere Exemplare für größere Becken 15–30 cm auseinandergesetzt werden. Wasserähren mit 20–40 Blättern brauchen einen großen Raum. Wasserpflanzen, die ihre Aufbaustoffe mit den Blättern dem Wasser direkt entnehmen, wie z. B. alle wasserpestartigen und feinfiedrigen Pflanzen, werden als Stecklinge ohne Wurzeln eingesetzt, nachdem man vorher die Blätter der beiden unteren Stängelglieder abgezupft hat. Glasnadeln oder flache Steine verhindern das Aufschwimmen solcher Stecklinge, bis sie Haftwurzeln gebildet haben. Solche rankenden Pflanzen werden in Büschen von 3 bis 4 Stück zusammengesetzt, weil sie sonst zu dürftig aussehen. Allenfalls können die einzelnen Ranken 1–2 cm voneinander entfernt sein, was vor allem für die Haarnixen gilt.

Auch klein bleibende Arten setzt man buschartig.

Pflanzen mit horizontal kriechendem Wurzelstock (Kalmus) sind schräg einzupflanzen, sodass die treibenden Keile aus dem Boden herausragen.

Wasserpflanzen, die ihre Aufbaustoffe ausschließlich mithilfe der Wurzeln dem Boden entnehmen, und andere schwer wurzelfassende und nährstoffbedürftige Pflanzen (Wasserähre, Schwertblatt, Wasserkelch) können in Kulturschalen aus Ton eingebracht werden, die zu zwei Dritteln mit der Mischung aus Lehm und Hochmoor-Torfmull gefüllt werden. Von einer Füllung mit Erdmischungen ist abzuraten, weil sich leicht Fäulnisherde bilden können. Die Kulturschale, die am Boden durchlöchert sein muss, wird in den Boden eingegraben und mit einer Schicht Sand oder Kies bedeckt. Höhere Schalen oder Töpfe, die aus dem Bodengrund herausragen, werden mit Steinen oder Moorkienholz getarnt. Sie sind bei stark wühlenden Buntbarschen nötig. Das Einpflanzen in Kulturschalen hat zudem den Vorteil, dass bei einer Generalreinigung die Pflanzen mit den Schalen herausgenommen werden können, ohne das Wurzelwachstum zu stören. Setzt man Wasserpflanzen in Lehm oder Torfmull in den Bodengrund, sind Kulturschalen nicht notwendig.

Die früher gelegentlich empfohlenen Torfziegel hätten heute in der Aquaristik auch noch ihre Daseinsberechtigung, doch erstens sind sie im Handel nicht mehr erhältlich und zweitens haben sie, wenn man die Sache genauer betrachtet, zwar keine Nachteile (Torf laugt relativ schnell aus), sind so vorteilhaft aber auch wieder nicht, weil sie nach einer gewissen Zeit des Einsatzes zerfallen.

In früheren Jahrzehnten galt als die günstigste Pflanzzeit das Frühjahr und als schlechteste die Zeit unserer Wintermonate (November bis Januar/Februar). Dies hat sich insofern etwas abgebaut, als die meisten Aquarienpflanzen heute nicht mehr in der Natur gesammelt werden, sondern Nachzuchtprodukte sind, die (ähnlich den Containerpflanzen für den Balkon oder Garten) bereits in kleinen Töpfchen angeboten werden. Man sollte sich jedoch informieren, ob die Pflanzen bereits an submerse (ständig untergetaucht lebend) Kultur gewöhnt sind oder nur im Augenblick, wo sie im Verkaufsbecken gezeigt werden, untergetaucht leben. Viele werden, wenn sie emers nachgezogen wurden, einige Zeit nach dem Untertauchen erst einmal ihre Überwasserblätter abwerfen.

Die Bepflanzung erfolgt nicht nur aus ästhetischen Gründen, sondern ist nötig, um ein begrenztes Becken mit dem Sauerstoff anzureichern, den die Fische zur Atmung benötigen. Becken, die nur Basaltsplitt, Steine und Moorwurzeln enthalten oder nur geringen Pflanzenwuchs aufweisen, bedürfen unbedingt eines Durchlüfters. Wasserpflanzen und Fische atmen, wie alle Lebewesen, Sauerstoff ein und Kohlensäure aus. Natürlich können sie die H_2O-Moleküle des Wassers nicht spalten; sie können nur die im Wasser gelösten Stoffe aus der Luft zur Atmung verwenden. Die Mengen dieser Stoffe sind aber verschieden: Der Fisch benötigt mehr Sauerstoff und gibt mehr Kohlensäure ab als die Pflanze. Dieses Missverhältnis der Atmungsvorgänge wird wettgemacht durch die Assimilation der Pflanzen, bei der unter dem Einfluss der Sonnen- oder Lichtenergie aus den anorganischen Substanzen des Bodens und des Wassers mithilfe des Blattgrüns organische Stoffe (Traubenzucker) aufgebaut werden, eine Fähigkeit, die die Pflanze allen Tieren gegenüber voraushat. Bei dieser Assimilation wird mehr Kohlensäure benötigt, als die Pflanze ausatmet, und es wird mehr Sauerstoff frei, als die Pflanzenatmung braucht. Da der Fisch mehr Kohlensäure ausatmet als die Pflanze, kommt diese Kohlensäure der pflanzlichen Assimilation zugute, während das bei der Assimilation abgebaute Plus an Sauerstoff der Fischatmung zustatten kommt. Pflanze und Fisch ergänzen einander. Sie leben also (theoretisch) im biologischen Gleichgewicht.

Nur des Nachts, wenn die Assimilation mangels des Sonnenlichts ruht, erzeugt die Pflanze bei ihrer Dissimilation keinen Sauerstoff und benötigt keine Kohlensäure, sondern atmet diese aus, deren Überschuss nun in Hydrogenkarbonaten gespeichert wird. Ihr

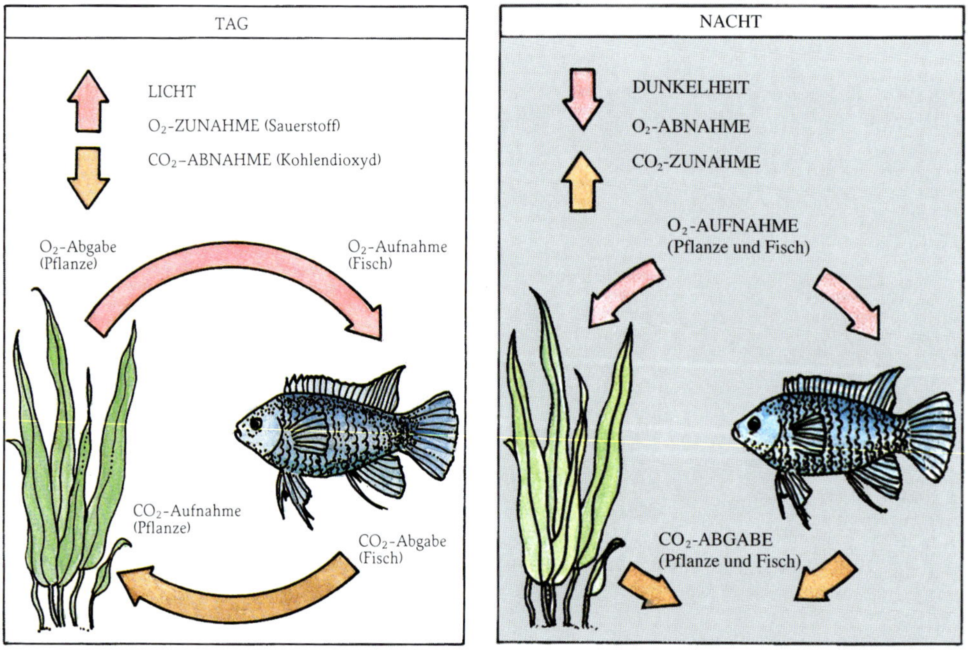

Ablauf der Fotosynthese mit Assimilation bei Tage und Dissilimation bei Nacht. Man erkennt, dass am frühen Morgen (rechte Zeichnung) der Sauerstoffgehalt (O_2) abgenommen und dafür der Kohlendioxidgehalt (CO_2) zugenommen hat. Erst mit dem erneuten Einsetzen der Assimilation nimmt der Sauerstoffgehalt wieder entsprechend zu

Bedarf an Sauerstoff ist aber so gering, dass die Fische in ihrem Schlafzustand unter normalen Verhältnissen nicht zu leiden brauchen. Nur eine Überbesetzung mit Fischen und Pflanzen kann sich ohne Durchlüfter schlecht auswirken. Den geringsten Sauerstoff- und höchsten Kohlensäuregehalt hat das Wasser morgens gegen 9 Uhr. Auch sein pH-Wert ist dann am niedrigsten, steigt aber mit der Assimilation wieder an (Rhythmus des Wasserchemismus).

Für die an das Wasser abgegebene Sauerstoffmenge ist die Oberfläche der Wasserpflanzen entscheidend. Je größer diese ist, desto größer ist der Gasaustausch. Es ist zu beachten, dass nicht die großblättrigen Pflanzen die größere Oberfläche haben, sondern gerade die feinfiedrigen und reich beblätterten (Tausendblatt, Wasserpest).

Daher ist bei der Bepflanzung auf die Lichtverhältnisse Rücksicht zu nehmen. In den Teil des Beckens, der dem Licht zugekehrt ist, werden Pflanzen gesetzt, die sehr lichtbedürftig sind, das Licht abschirmen und derart schnellwüchsig sind, dass veralgte Teile ohne Schaden beseitigt werden können. Man setzt diese Pflanzen aber nicht direkt an die Scheibe, sonder einige Zentimeter entfernt, da ihre Ausläufer nach dem Licht streben.

An der dem Licht abgekehrten Seite werden Pflanzen gesetzt, die hinsichtlich ihres Lichtbedürfnisses weniger anspruchsvoll sind, sowie Pflanzen mit zarten, gefiederten Blättern, die zwar auch lichtbedürftig sind, aber keine Algenbildung vertragen. Wenn sich auf den Blättern Mulm bildet, ist er zeitweilig mit einem Holzstäbchen abzuschütteln.

Für ein abgeschattetes Urwaldaquarium kommen nur Pflanzen mit geringem Lichtbedarf in Betracht.

Eine andere wichtige Aufgabe der Wasserpflanzen besteht darin, für die Reinigung des Wassers zu sorgen. Weit mehr als die Landpflanzen vermögen die Wasserpflanzen nicht nur mit ihren Wurzeln die mineralischen

Nährstoffe aufzunehmen, die sie zu ihrer Ernährung bedürfen, sondern vor allem auch durch ihre Blätter direkt aus dem Wasser organische Verbindungen (Harnstoffe, Asparagin, Kreatin, Guanin) zu ihrem Aufbau zu verwerten. So kommen ihnen also Abgänge lebender Tiere und zum Teil auch abgestorbene Organismen zugute, ohne dass diese erst in minerale Stoffe umgewandelt zu werden brauchen. Dadurch aber wird den schädlichen Bakterien der Nährboden entzogen und ihrer Vermehrung der Wassertrübung und der Wasservergiftung für die Fische vorgebeugt. Allerdings spielt auch hier wieder das Verhältnis der Beckenbesetzung von Pflanze und Fisch eine Rolle. Je mehr Pflanzen in gewissen Grenzen auf einen Fisch kommen, umso reiner wird das Wasser sein. Der dabei in geringeren Mengen anfallende Mulm wird durch Destruenten abgebaut und dann von den Wurzeln der Pflanzen aufgenommen. Ein Überschuss von Mulm ist stets ein Zeichen übermäßiger Fischbesetzung. Es gibt aber auch Fische, die gern im Mulm wühlen und davon eine gewisse Menge benötigen. Dann kann die Tierbesetzung größer sein. Besonders vorteilhaft ist es, ein Becken nicht nur mit einer Pflanzenart, sondern je nach Beckengröße möglichst mannigfaltig zu besetzen, da die Pflanzen den Nährstoffen gegenüber eine gewisse Auswahl treffen können. Stoffe, welche die eine Art verschmäht, werden von einer anderen bevorzugt, sodass verschiedene Arten Pflanzen auch in dieser Hinsicht ein gewisses Gleichgewicht herstellen können.

Aus dem Verhältnis von Pflanze und Tier resultiert Art und Umfang der Bepflanzung. Große, lebhafte und zahlreiche Fische verbrauchen im Allgemeinen mehr Sauerstoff, benötigen also mehr Pflanzen als kleine und wenige Fische. Jedoch ist der Umfang der Bepflanzung auch von der Fischart abhängig. Es gibt Fische, für die ein stark verkrautetes Becken richtig ist, während man bei Fischen des freien Wassers, die einen großen Schwimmraum benötigen, nur die hinteren Ecken dicht und die Rück- und Seitenwände mit einzelnen Pflanzengruppen bepflanzen sollte. Dabei können nur Pflanzen eingesetzt werden, die viel Sauerstoff erzeugen.

Manche Fische brauchen feinfiedrige oder breitblättrige Büsche als Laichsubstrat oder Versteck. Labyrinther legen ihre Schaumnester gern an Schwimmpflanzen an, wie überhaupt viele Fischarten den Halbschatten der Schwimmpflanzen lieben. Für Segelflosser, die breite Blätter zerzupfen, sind Sumpfschrauben und Pfeilkräuter in Verbindung mit gelockertem Röhricht zweckmäßig. Für Schwarmfische mit Lichtsignalen eignet sich schattiger Standort im dicht bepflanzten Hintergrund des Beckens, damit ein starkes künstliches Oberlicht die Farbenpracht zur Geltung bringen kann. Dahin passen diejenigen Pflanzen, die Schatten bevorzugen (Wasserkelche) oder auch bei mäßiger Beleuchtung gut gedeihen (Schwertblätter). Wenn Fische stark wühlen (Buntbarsche), wird man die Pflanzen nur in Töpfen oder ganz frei schwimmend kultivieren; wenn sie gründeln (Karpfen), wird man auf feinfiedrige Pflanzen (Tausendblatt), die leicht verschmutzen, verzichten. Auch Buntbarschen und Keilfleckenbarben dürfen keine zarten Pflanzen wie Tausendblatt und Haarnixe beigegeben werden, weil sie sie regelrecht abweiden; blättrige Arten eignen sich besser.

Zu reichlicher Pflanzenwuchs kann bei geringem Fischbestand, reichlicher und stärkerer Beleuchtung und mangelhafter Durchlüftung aber auch schädliche Folgen haben. Infolge des CO_2-Mangels werden die Hydrogenkarbonate (früher Bikarbonate genannt = saure Salze) derart ausgefällt, dass sich auf den Blättern eine Kalkkruste bildet, die sich wie eine feine Sandschicht anfühlt. Man spricht dann auch von biogener Entkalkung. Heute „füttert" man die Pflanzen mit CO_2 und spricht von CO_2-Düngung.

Der Einsatz von im Aquarienwasser gelöstem Kohlendioxyd (CO_2), aus dem dann Kohlensäure (H_2CO_3) wird, ist kein Problem mehr. Es gibt eine Reihe von Fabrikaten, welche besonders für aquaristische Zwecke zugerichtet sind, und die man, je nach Geldbeutel, entsprechend erweitern und automatisieren kann. Das geht so weit, dass mit einem pH-Wert-Messer ein gewünschter Wert eingestellt werden kann, der dann bei Bedarf automatisch das Kommando zum Dauernachfüllen des CO_2 über einen Diffusor gibt (Dupla, Selzle, Dennerle u. a.).

CO_2-Gaben erfüllen grundsätzliche Nährstoffwünsche aller Aquarienpflanzen, die das Gas mithilfe des Lichts verarbeiten (Photosynthese) und bei diesem Vorgang Sauerstoff (O_2) abscheiden. Was viele außer Acht lassen: Das CO_2-Angebot kann von den Pflanzen nur dann voll ausgeschöpft werden, wenn in reichlichem (!) Maße Licht vorhanden ist. Deshalb ist die Überprüfung des Lichtangebotes an die Pflanzen eine Voraussetzung, wenn man mit der CO_2-Düngung beginnt.

Ein Überangebot oder falscher Einsatz (Kohlensäure macht das Wasser sauer) von CO_2 ist gefährlich, weil zu viel Kohlensäure den Fischen das Atmen schwer macht (sie japsen) oder den pH-Wert unter die Neutralmarke von 7,0 drücken kann, was beispielsweise Cichliden aus den afrikanischen Seen nicht bekommt. Die richtige Dosierung erst bringt den gewünschten Erfolg. Wer die Pflanzen mit einem CO_2-Eintrag versorgen will, darf das Wasser nicht zu stark bewegen (kein Ausströmer, schwache Pumpenströmung!), weil dadurch die Kohlensäure wieder ausgetrieben würde.

Zweifellos ist es angebracht, den Fischen diejenigen Pflanzen ins Aquarium zu setzen, die sie auch in ihrer Heimat vorfinden, weil sie ihnen die gleichen Umweltbedingungen geben. Jedoch braucht man sich an diesen Grundsatz nicht streng zu halten. Im Allgemeinen benötigen tropische Fische ebenso leicht saures, weiches und warmes Wasser, wie die tropischen Wasserpflanzen. Wollen also manche Wasserkelche und Haarnixen nicht gedeihen, sollte man den Härtegrad des Wassers senken. Zudem darf der Wasserstand für viele Wasserkelche nicht mehr als 30 cm betragen.

Berücksichtigt man das Eigenleben der Pflanzen, kommt das auch den Fischen zugute, die in der gleichen Wasserbeschaffenheit leben, und umgekehrt. Bei Kosmopoliten erkundige man sich stets, woher die betreffende Pflanze kommt bzw. bei welcher Temperatur sie längere Zeit gehalten wurde. Man kann sich von solchen Pflanzen einen Stamm in einem Sonderbecken selbst halten, das zudem etwa benötigtes Abwasser liefert.

Sowohl unterkühlte als auch überhitzte Pflanzen gehen ein. Wenn Pflanzen mit einem Wurzelstock davon betroffen sind, werfe man sie nicht gleich fort; denn oft schlagen solche Wurzelstöcke wieder aus.

Pflanzen wahllos durcheinander zu setzen, ist nicht ratsam. Die einzelnen Arten werden in kleinen Gruppen zusammengefasst und durch Steine getrennt, an deren Rändern man den Mulm belässt, damit er den Pflanzen zugute kommen kann. Im Allgemeinen darf die Bepflanzung nicht zu gering, anfangs aber auch nicht zu dicht sein, zumal bei schnellwüchsigen Arten (Sumpfschrauben, Pfeilkräutern, Wasserpest). Ein kleines Becken besetzt man mit 2 – 3 Arten, ein größeres mit entsprechend mehr. Bei großen Becken empfiehlt sich ein Grundriss.

Bei einem terrassenförmigen Aufbau kann man Sumpfpflanzen auf der höchsten Stufe der Terrasse unterbringen, sodass sie bald aus dem Wasser herausragen und Blüten treiben. Alle Moosarten und Zwergwasserschlauch können auch zur Bekleidung von Wurzeln und zum Halt zwischen Steinen usw. verwendet werden.

Gelegentlich sind die Bestände so weit zu lichten, dass die übrig bleibenden sich nicht gegenseitig das Licht wegnehmen können. Da ist alles Kranke und Schwache zu entfernen. Weil zeitweise sowieso ein gewisser Stillstand im Pflanzenwuchs eintritt, darf aber nicht zu viel fortgenommen werden. Weiterhin sind besonders sorgfältig alle Abfallstoffe und Futterreste zu entfernen, da sie Sauerstoffverzehrer sind.

Selbstverständlich darf man nur Pflanzen einsetzen, die miteinander sympathisieren. Bekannt ist, dass die Wasserkelche nicht mit Sumpfschrauben oder Pfeilkräutern vergesellschaftet werden dürfen. Für Schwimmpflanzen ist Schwitzwasser schädlich.

Die Vermehrung der Pflanzen erfolgt meist auf vegetativem Wege durch Ausläufer, Sprosspflanzen, Stecklinge und Pflanzen- oder Wurzelteilung. Die Ausläufer sind von der Mutterpflanze erst dann zu trennen, wenn sie genügend Wurzeln gebildet haben. Stecklinge werden durch Abtrennen von den Zweigen oder durch Kürzen der Hauptachse gewonnen. Einige Arten bilden auch ohne Einpflanzen Wurzeln, sodass es genügt, sie mit Glasnadeln oder flachen Steinen am Bodengrund zu befestigen. Pflanzen- und Wurzelteilung werden im Frühjahr vorgenommen. Teilung der Wurzelstöcke ist nicht ratsam; allenfalls können Teiltriebe glatt abgeschnitten werden. Bei Pflanzen, die Winterknospen treiben, werden diese im Herbst in einem Wassergefäß mit etwas Sand gesammelt und frostfrei überwintert. Mitte Februar werden sie in ein warmes Zimmer gebracht, wo sie unter der Sonne bald neue Pflanzen bilden.

Nach Art ihres Baues, insbesondere der Blätter, kann man die Wasserpflanzen in 7 Gruppen einteilen:

1. band- oder fadenförmige Blätter,
2. grobblättrige oder moosartige Blätter,
3. langgestielte und
4. feinfiedrige Blätter,
5. Schwimm- und Schwebepflanzen,
6. Pflanzen mit Schwimmblättern,
7. Sumpfpflanzen

Wasserpflanzentypen

1. Gute Sauerstofferzeuger. Heller Standort. Rasenbildend. Ausläufer mit Glasnadeln oder Steinen an den Boden heften. Da die meisten dieser Pflanzen auch Wurzelnahrung benötigen, sind Kulturschalen angebracht. Wurzelstöcke können geteilt werden. Vallisnerien und Sagittarien nicht mit Cryptocorynen vergesellschaften.

2. Gute Sauerstofferzeuger, Ablaichpflanzen und Verstecke. Büschelweise einsetzen. Da diese Pflanzen ihre Aufbaustoffe ohne Wurzeln mit den Blättern dem Wasser entnehmen, können sie mit Glasnadeln oder flachen Steinen verankert werden. Vermehrung durch Ausläufer oder Stecklinge. Heller Standort, aber wenig Sonne.

3. Gedämpftes Licht. Weiches Wasser. Eventuell Kulturschalen. Cryptocorynen nicht mit Vallisnerien und Sagittarien vergesellschaften.

4. Starke Sauerstofferzeuger. Ablaichpflanzen und Verstecke. Da die Wurzeln nur Haftorgane sind, büschelweise einpflanzen bzw. mit Glasnadeln oder flachen Steinen verankern. Lieben eigentlich hellen Standort, aber wegen Veralgungsgefahr meist auf der dem Licht abgewandten Seite einbringen. Mulmbelag mit Holzstäbchen entfernen. Vermehrung durch Stecklinge.

5. Ablaichpflanzen. Lieben Sonnen (Oberlicht) und sind mit Leuchtstofflampen oder in flachen Schalen auf feuchtem Moos zu überwintern. Es darf stets nur $^1/_3$ der Wasseroberfläche mit Schwimmpflanzen bedeckt sein. Für Frischluft sorgen.

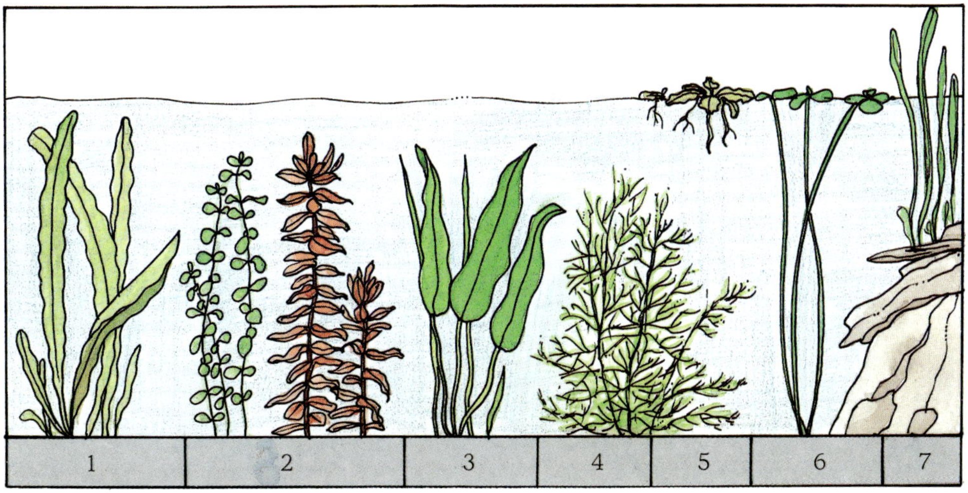

Nach Art ihres Baues, insbesondere der Blätter, kann man die Aquarienpflanzen in 7 Gruppen einteilen

Kein Schwitzwasser! Keine Abdeckscheibe!
6. Am besten in Kulturschalen. Oberlicht.
7. Eignen sich auch für Terra-Aquarien. In der folgenden Aufstellung der wichtigsten Aquarienpflanzen beziehen sich die Angaben auf die Art der Vermehrung; es bedeuten A= Ausläufer, Stecklinge, Seitentriebe, T = Pflanzenteilung, R = Rhizomteilung, K = Winterknospen.

Pflanzentabelle

Name	Herkunft	Temp. in °C	Lichtanspruch*	Maximale Wuchshöhe in cm	Art der Vermehrung	Besonderheiten
Acorus gramineus Zwerggraskalmus	Ostasien	18–24	SSS	10	AR	var. pusillus
Anubiuas nana Zwergspeerblatt	Westafrika	24–28	SSS	15	R	Sumpfpflanze
Aponogeton-Arten Wasserähre	Afrika Asien Australien	22–28	SSS	bis 60	V, S	Knollen brauchen unbedingt Ruhezeit; Solitärpflanzen
Azolla-Arten Moosfarn	Nord- bis Südamerika	20–24	SSSS	bis 25	A	Schwimmpflanzen
Bacopa amplexicaulis Großes Fettblatt	südl. Nord- u. Mittelamerika	22–25	SSS	50	A	Synonym: B. caroliniana
Bacopa monnieri Kleines Fettblatt	Tropen und Subtropen	16–26	SSS	35	A	
Barclaya longifolia Barclaya	Südostasien	22–28	SSS	25	S, A	nicht zu hell stellen; empfindlich gegen Schneckenfraß
Bolbitis heudelotii Kongo-Wasserfarn Afrikas	weite Gebiete	24–26	SSS	45	R	liebt leicht fließendes Wasser ohne Kalk und leicht sauer
Cabomba aquatica	S-Mexiko bis N-Brasilien	22–28	SSSS	45	A	Wasser ohne Kalk und leicht sauer; hoher Lichtanspruch

*SS = mäßig hell, SSS = hell, SSSS = sehr hell

Gewöhnliche Sumpfschraube *(Vallisneria spec.)*, 2. Nadelsimse *(Eleocharis acicularis)*, 3. Zwergspeerblatt *(Anubis nana)*, 4. Schraubenvalissnerie *(Vallisneria asiatica* var. *biwaensis)*

Name	Herkunft	Temp. in °C	Lichtanspruch*	Maximale Wuchshöhe in cm	Art der Vermehrung	Besonderheiten
Cabomba caroliniana Karolina-Haarnixe	Golfküste USA bis nördl. Südamerika	22–28	SSS	45	A	keine solch hohen Wasser- u. Lichtansprüche
Ceratophyllum submersum Zierliches Hornkraut	gemäßigte u. tropische Zonen der Erde	15–30	SSS	200	A	sehr anspruchslos; lange Stängel liegen auf dem Wasserspiegel
Ceratopteris cornuta Hornfarn	Afrika bis N-Australien	20–30	SSS	35	A	breitblättrige Form früher als *C. thalictroides*-Variante bekannt
Ceratopteris thalictroides Sumatrafarn	vorgenannte Gebiete und tropisches Amerika	22–28	SSS	35	A	schmalblättrige Form
Ceratopteris pteridoides Schwimmender Hornfarn	subtrop. Nord- sowie Mittel- und Südamerika	20–30	SSS	Blätter bis 25 cm lang	A	früher als *C. cornuta* bekannt, daher falsche Herkunftsangaben; Schwimmpflanze
Crinum thaianum Thailand-Hakenlilie	Thailand	22–28	SSS	120	S	Zwiebelgewächs; sehr robust, Blätter können gestutzt werden
Cryptocoryne-Arten Cryptocorynen, Wasserkelche	tropisches Asien und Neuguinea	22–30	SS-SSS	50	A, R	große Artenvielfalt mit unterschiedlichen Ansprüchen; siehe Spezialliteratur
Didiplis diandra Nordamerikanische Bachburgel	Nordamerika	22–28	SSS	30	A	Synonym: *Peplis diandra*
Echionodorus-Arten Amazonas-Schwertpflanze	Nord- bis Südamerika	22–30	SS-SSSS	50	A, T	fast 50 bekannte Arten von sehr unterschiedl. Blattform

1. Wendts Wasserkelch *(Cryptocoryne wendtii)*, 2. Gitterpflanze *(Apnogeton madagascariensis)*, 3. Ulvablättrige Wasserähre *(Aponogeton ulvaceus)*, 4. Härtels Wasserkelch *(Cryptocoryne affinis*, früher *C. haerteliana)* mit Blütenscheide

Name	Herkunft	Temp. in °C	Lichtanspruch*	Maximale Wuchshöhe in cm	Art der Vermehrung	Besonderheiten
Egeria densa Argentische Wasserpest	südl. Südamerika	20–26	SSSS	200	A	liebt härteres Wasser und nahrhaften Boden: Synonym: *Elodea densa*
Elodea canadiensis Kanadische Wasserpest	Nordamerika	15–22	SSSS	100	A	
Eichhornia crassipes Wasserhyazinthe	Kosmopolit, Tropen und Subtropen	24–30	SSSS	20	A, T	Schwimmpflanze; große Becken o. Abdeckscheibe
Eleocharis acicularis Kantige Nadelsimse	Nichttropen weltweit	20–26	SSS	15	R	
Eleocharis minima Kleine Nadelsimse	Afrika, Mittel- u. Südamerika	20–24	SSS	30	R	nicht zu warm halten!
Heteranthera zosterifolia Seegrasblättriges Trugkölbchen	Zentralbrasilien, Boliven	22–28	SSS	50 und mehr	A	
Hydrilla verticillata Grundnessel	Westafrika, Asien, Europa, Australien	18–28	SSS	200	A, K	ziemlich anpassungsfähiges Gewächs
Hydrocotyle leucocephala Brasilianischer Wassernabel	Brasilien	22–26	SSS	25–30	A	auch frei treibend auf der Wasseroberfläche haltbar
Hydrocotyle vulgaris Europäischer Wassernabel	mittelmeernahe Regionen Europas	18–24	SSSS	15	A	nur mit starker Beleuchtung gut haltbar
Hygrophila corymbosa Riesenwasserfreund	Indien	22–30	SS	60	A	früher als *H. stricta* gehandelt, doch ist dies eine andere Pflanze

1. Zwergamazonas *(Echinodorus tenellus)*, 2. Schmalblättrige Amazonas-Schwertpflanze *(Echinodorus amazonicus)*, 3. Herzblättriger Wasserwegerich *(Echinodorus cordifolius,* früher *E. radicans)*, 4. Große Amazonas-Schwertpflanze *Echinodorus bleheri*, früher *E. paniculatus)*

Name	Herkunft	Temp. in °C	Lichtanspruch*	Maximale Wuchshöhe in cm	Art der Vermehrung	Besonderheiten
Hygrophila difformis Ind. Wasserwedel	Indien und Südostasien	24–30	SSS	50	A	Synonym: *Synnema difformis*
Hygrophila polysperma Indischer Wasserfreund	Indien	20–30	SSS	50	A	anpassungsfähige Art, auch in härterem Wasser
Lemna minor Wasserlinse, Entengrütze	weltweit	15–30	SS	–	K	sehr anpassungsfähige- Schwimmpflanze
Lilaeopsis novaezelandiae Graspflanze	Australien, Neuseeland	20–25	SSSS	8	A	Vordergrundpflanze
Limnobium laevigatum Südamerikanischer Froschbiss	Südamerika	22–24	SSSS	–	A	Schwimmpflanze
Limnophila aquatica Riesenlimnophila	Indien, Sri Lanka	24–25	SSSS	50	A	Hintergrundpflanze für hohe Becken
Limnophila sessiliflora Blütenstielloser Sumpffreund	Pakistan bis Japan	24–26	SSSS	40	A	wächst in Lehmboden besser
Lobelia cardinalis Kardinalslobelie	Nordamerika	22–26	SSSS	120	A	treiben Pflanzenteile an der Wasseroberfläche, werden Seitenäste getrieben
Ludwigia arcuata Schmalblättrige Ludwigie	östliche USA	16–22	SSSS	50	A	nur für Kaltwasseraquarien geeignet
Ludwigia palustris Schwimmende Ludwigie	Europa, um Mittelmeer		SSS	50	A	Synonym: *Ludwigia repens;* möglicherweise ein Hybride aus beiden
Lysimachia nummularia Pfennigkraut	Europa, Japan, westl. USA	18–24	SSSS	60	A	in wärmerem Wasser nicht ausdauernd

1. Argentinische Wasserpest *(Egeria densa)*, 2. Nixkraut *(Najas spec.)*, 3. Javafarn *(Microsorium pteropus)*, 3. Haarnixe *(Cabomba aquatica)*

Name	Herkunft	Temp. in °C	Lichtanspruch*	Maximale Wuchshöhe in cm	Art der Vermehrung	Besonderheiten
Marsilea crenata Kleefarn, Zwergkleefarn	Südostasien bis N-Australien	22–28	SSS	5	A, R	in hartem Wasser nicht vermehrungs- fähig
Micranthemum umbrosum Amerikanisches Perlenkraut	südliche USA, Mittelamerika	20–26	SSS	20	A	Von bestimmten Schneckenarten als Nahrung geliebt; weiches Wasser und saurer pH-Wert vorteilhaft
Microsorum pteropus Javafarn	Südostasien	20–30	SSS	25	A, R	Pflanze mit kriechendem Wurzelstock und Klammerwurzeln
Myriophyllum aquaticum Brasilianisches Tausendblatt	Südamerika	22–30	SSSS	200	A	gut bei saurem pH-Wert haltbar, empfindlich gegen Veralgung; Synonym: *Myriophyllum brasiliense*

1. Kardinalslobelie *(Lobelia cardinalis)*, 2. Schwimmender Hornfarn *(Ceratopteris pteridoides)*

Name	Herkunft	Temp. in °C	Lichtanspruch*	Maximale Wuchshöhe in cm	Art der Vermehrung	Besonderheiten
Najas graminea Grasartiges Nixkraut	subtropisches Europa, Nord-/Ostafrika, Asien	22–28	SSSS	über 60	A	weiches Wasser
Najas microdon Feinzähniges Nixkraut	südliche USA bis Südamerika	22–28	SSSS	über 60	A	wie vor
Nuphar lutea Gelbe Teichrose	Europa, Nordasien, Nordafrika	20–25	SSS	50	S	Für tropische Aquarien ist folgende Art besser geeignet
Nuphar pumila Zwergteichrose	Mittel- und Osteuropa, W-Sibirien	20–28	SSS	25	S	
Nymphaea lotus Tigerlotus	Afrika	24–28	SSS	30–50	A	aus Afrika: *N. zenkeri*, aus Asien: *N. rubra* und *N. pubescens*

3. Brasilianischer Büschelfarn *(Salvinia auriculata)*, 4. Lebermoos *(Riccia Fluitans)*

Name	Herkunft	Temp. in °C	Lichtanspruch*	Maximale Wuchshöhe in cm	Art der Vermehrung	Besonderheiten
Pistia stratiotes Muschelblume	Kosmopolit in Tropen und Subtropen	22–26	SSSS	5–15	A	ohne Abdeckscheibe haltbar; lange Wurzeln ragen ins Becken
Proserpinaca pectinata Wasserkamm	südliche USA	22–26	SSSS	50–60	A	weiches Wasser oder hartes Wasser + CO_2
Riccia fluitans Flutendes Teichlebermoos	weltweit verbreitet	18–30	SSSS	–	A	kann bei kräftigem Licht schnell die Wasseroberfläche vollwuchern
Rotala macranda Dichtblättrige Rotala Rotweiderich	Indien bis Indochina	24–30	SSSS	60	A	Eisendüngung ist wichtige Hilfe zum Erhalt der Rotfärbung
Rotala wallichii Feinblättrige Rotala	Südostasien	22–28	SSS	60	A	rötliche Blüten; verträgt sehr niedrigen pH-Wert; Synonym: *Hydrolythrum wallichii*
Sagittaria graminea Grasartiges Pfeilkraut	Nordamerika	22–30	SSS	20	A	verschiedene Varianten dieser Art bekannt, darunter auch höher wachsende
Sagittaria subulata Flutendes Pfeilkraut	Nordamerika und einige tropische Gebiete (eingebürgert)	22–28	SSS	30	A	Hier: var. subulata; weitere Variationen: *S. s. natans*, *S. s. pusilla* (klein bleibend)
Salvinia auriculata Kleinblättriger Büschelfarn	tropisches und subtrop. Amerika	20–30	SSSS	–	A	Schwimmpflanze

Name	Herkunft	Temp. in °C	Lichtan-spruch*	Maximale Wuchs-höhe in cm	Art der Ver-mehrung	Besonder-heiten
Saururus cernuus Nordamerikanischer Molch- oder Eidech-senschwanz	Nord-amerika	22–26	SSSS	10–15*	A	*im Aquarium! In der Natur (als Sumpf-flanze 60–70 cm hoch)
Utricularia vulgaris Gemeiner Wasser-schlauch	Europa bis Nordamerika	18–24	SSS	50	A	mit kleinen „Fangblasen" ausgestattet, die zum Erbeuten von schwimmen-den Mikroorga-nismen dienen
Vallisneria americana Zwergvallisnerie	südöstl. USA und einige Inseln	24–28	SSSS	20*	A	*für die Zwerg-form, die jedoch bei schwachem Licht höher wird; auch in härterem Wasser haltbar.
Vallisneria asiatica var. biwaensis Schrauben-vallisnerie	subtropische und gemäßigte Zonen Ost- und Südost-asien	18–28	SSS	30	A gedreht!	von einigen Autoren wird var. *biwaensis* als Form von *V. natans* ange-sehen; Blätter
Vallisneria gigantea Riesenvallisnerie	Philippinen, Neuguinea; in Asien eingebürgert auch andernorts	20–30	SSS	200	A	Blätter auf Wasserspiegel flutend
Vallisneria spiralis Sumpfschraube	Europa, Afrika, Asien	18–30	SS	60	A	Blätter nicht (!) gedreht, wie Name vermuten lässt
Vesicularia dubyana Javamoos	Südostasien	18–30	SSSS	–	A	gedeiht am besten mit viel Licht in weichem und hartem Wasser

Direkte Sonnenbestrahlung hat, wie schon erwähnt, eine starke Algenbildung zur Folge. Gewiss sind Grünalgen gute Sauerstofferzeuger. Vielen Wassertieren dienen Algen sowie die in den Algenrasen lebenden Kleinsttiere der Mikrolebewelt als Nahrung; zu starker Algenwuchs ist aber eine Gefahr in erster Linie für die höheren Wasserpflanzen. Deshalb ist für das Aquarium ein Platz nahe dem Fenster verpönt. Die Menge des eingestrahlten Lichts sowie seine Intensität sind nicht lenkbar. Eine gute Abdeckleuchte ist für Fische und Pflanzen insofern besser, als das Licht dann nicht von der Seite einstrahlt, was ohnehin unnatürlich ist. Fische in „Normalstellung" wenden bekanntlich den Rücken zum Licht, das ja in der Natur immer von oben kommt. Ein Fischkopf gerät ganz durcheinander, wenn dieses Licht nicht mehr hauptsächlich von oben her in das Aquarium einfällt. Da Fische ja, bedingt durch die Schwimmblase, im Wasser praktisch schwerelos sind, dient das Licht ihnen gleichzeitig als Schwerelot.

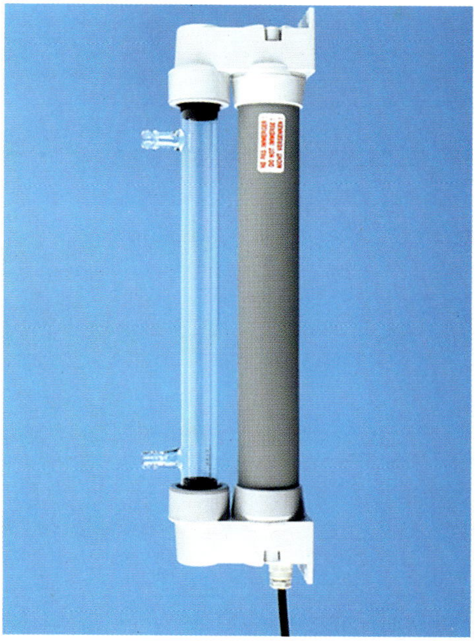

UV-Lampen verwendet man zur Entkeimung des Aquarienwassers, zum Beispiel bei Wassertrübungen (auch Wasserblüte) oder zur Verbesserung des Aquarienwassers zur Zucht. Deutlich erkennt man die Stutzen für den Ein- und Auslauf des Wassers, das vom Filter kommt

Jeder Fisch besitzt in seinem Kopf das so genannte Gehörsteinchen. Bei Lichteinfall von oben liegt es parallel zur Körperlängsachse, und der Fisch schwimmt in Normalstellung. Kommt das Licht nun plötzlich aus schräger Richtung, so ist das Lichtlot verschoben, und der optische Anteil dieses Gleichgewichtsregulators steuert den Fisch mit dem Rücken in diese Richtung. Da aber andere Dinge dem Fisch die ursprüngliche Schwimmweise als richtig angeben, versucht er eine „Kompromiss-Schwimmhaltung". Weil das alle Fische im Aquarium tun, entsteht für den Betrachter ein völlig irreguläres Bild.

Mit einer Beleuchtung von oben ist für die Fische nicht nur ihre natürliche Schwimmhaltung gewährleistet, sondern auch dafür gesorgt, dass die Pflanzen ihre Blätter natürlich – dem Licht von oben entsprechend – stellen. Die Veralgung der Scheiben bleibt in Grenzen.

Es sei hier gleich noch darauf hingewiesen, dass Schnecken und Saugschmerlen sowie eine Reihe von Welsen Algen fressen. Starke Algenbewachsung kann aber nicht nur mit solchen lebenden Mitbewohnern bekämpft werden. Wo sie überhand nimmt, muss sie mit entsprechenden Präparaten auf chemischem Wege beseitigt werden.

Algenwuchs kann durch gezielte Beleuchtung (vgl. Kap. „Licht") in Grenzen gehalten werden. In leicht saurem und sehr weichem Wasser hält er sich zumeist nicht. Besonders an der vorderen Sichtscheibe wieder immer einmal irgendeine Veralgung stören. Sie kann mit einem Doppel-Klingenreiniger leicht entfernt werden (vgl. Abb. „Zubehör"). Hat das Becken mehrere Glasseiten, kann man jene, durch die kein Einblick erfolgen soll, ungereinigt lassen.

Fadenalgen, die lediglich durch nicht gründlich gereinigte Wasserpflanzen eingeschleppt werden, verhindern zwar das Wachstum von Grünalgen, entziehen jedoch den Wasserpflanzen beträchtliche Mengen Nährstoffe. Man sollte sie deshalb mit einem aufgerauten Holzstäbchen entfernen, auf das die Fadenalgen aufgewickelt werden. Eine

Bacopa amplexicaulis (Großes Fettblatt)

Bolbitis heudelotii (Kongo-Wasserfarn)

Eichhornia azurea (Azurblaue Wasserhyazinthe)

Hydrocotyle leucocephala (Brasilianischer Wassernabel)

restlose Beseitigung ist nur durch Neueinrichtung des Beckens möglich.

Braun- oder Kieselalgen sind immer die Folge von zu dunkel stehenden Behältern und gehen bei besseren Lichtverhältnissen, evtl. künstlicher Beleuchtung, von selbst zurück. Die gefährlichen und übel riechenden Blaualgen deuten auf schlechte Wasserverhältnisse (Kunstfutterreste, Gärungsprozesse) hin und sind durch Verringerung der Wasserhärte, Absaugen des Mulms oder durch Neueinrichtung zu beseitigen.

Auch sonstige Trübungen des Wassers weisen auf Verwesungserscheinungen hin, die durch Absaugen der Verwesungsstoffe bzw. Ersatz der schwarzen Bodenschicht beseitigt werden müssen.

Bei neu eingerichteten Becken tritt häufig eine Wassertrübung auf, die durch Massenvermehrung bestimmter Infusorien bedingt ist und den Sauerstoffgehalt des Wassers herabsetzt. Abhilfe erfolgt durch Antidiscrassicum oder übermangansaures Kali; das Wasser ist dann ganz schwach rosa gefärbt. Bevor

Heteranthera zosterifolia (Seegrasblättriges Trugkölbchen)

die Fische eingesetzt werden, empfiehlt sich auch das Einbringen von Wasserflöhen, die mit allen Infusorien aufräumen. Eine gelegentlich im Sommer auftretende Grünfärbung des Wassers (vor allem gerbstofffreies Wasser), die so genannte Wasserblüte, schadet nur insofern, als sie das Wasser mit Sauerstoff übersättigen kann; sie vergeht nach einiger Zeit von selbst, wenn man das Becken mit Unigrünpapier abdunkelt. Bei einem Filter ist jede Wassertrübung ausgeschlossen, wenn die Filtermassen regelmäßig ausgewechselt werden und der Filter vorschriftsmäßig arbeiten kann (vgl. Kapitel „Luft und Filterung"). Sind die Pflanzen eingebracht, kann man z. B. eine Untertasse auf die Stelle legen, an der das Wasser einlaufen soll, um so ein Aufwirbeln des Sandes bzw. des Bodengrundes zu verhindern. Eingefüllt wird vorgewärmtes Wasser.

Nach dem Auflegen der Deckscheibe und dem Einschalten der Lampen (!) bleibt das Aquarium 2–3 Wochen, mindestens aber eine Woche ohne Fischbesatz stehen, damit die Pflanzen anwurzeln können. Während dieser Zeit kann der zukünftige Fischpfleger das Aquariuminnere beobachten und prüfen, ob alles richtig funktioniert; Heizung und Filter zufrieden stellend arbeiten, die Pflanzen sich richtig stellen, ob sich an irgendeiner Stelle kleine Schnecken zeigen.

Eine Wiederentdeckung aus dem Lac Fwa in der Region von Kassai (Zaire): Schwetzochromis neodon, ♂

Beckentypen

Mancher Aquarianer fertigt sich vor Einrichtugn des Beckens eine Handskizze an, um den gewünschten Beckentyp mit allen Steinen, Wurzeln und verschiedenartigen Pflanzen schon einmal in der Theorie „durcharbeiten" zu können. Andere lassen sich lieber von augenblicklichen Intuitionen leiten und richten ihr Becken spontan ein.

Folgende Beschreibungen sollen aufzeigen, wie die Becken ungefähr nach den Ansprüchen der Fische eingerichtet werden können. Manches kann natürlich anders gemacht werden, ohne den Fischen zu schaden. Es bieten sich auch neuere Materialien wie das früher erwähnte Grottengestein oder Lochgestein, wie sie bei der Erstellung einer inneren Rückwand erwähnt wurden, an. Ist saures Wasser erwünscht oder notwendig, so kann man über Torf filtern, und man erzielt einen biologisch besseren Effekt, weil dieser Torf von Zeit zu Zeit ausgewechselt werden muss.

Die Lebensbedingungen der Fische sind sehr verschieden. Deshalb sollte man sich schon vor der Einrichtung eines Aquariums darüber klar sein, welche Fischarten man pflegen will oder in einem eingerichteten Becken am vorteilhaftesten gehalten werden können. Schon die Beckeneinrichtung muss den Lebensansprüchen von Pflanze und Tier entsprechen. Man kann daher verschiedene Beckentypen unterscheiden.

Einen Grundtyp stellt das Becken für Schwarmfische (s. u.) des freien Wassers, wie Salmler, Barben, Weißfische u. a., dar. Die Abbildung zeigt bereits eine kleine Abwandlung dieses Grundtyps, da der Hintergrund und die Seiten etwas terrassenförmig erhöht und mit Steinen abgestützt sind, während der Grundtyp ohne Terrassen ist.

Aus diesem Typ lassen sich andere entwickeln. Vor der mittleren, hinteren Terrasse können im Salmlerbecken Steine oder Steingrotten aufgeschichtet werden.

Beckentyp für Schwarmfische: Einrichtungsvorschlag mit *Vallisneria gigantea* (hinten links), *Echinodorus griesebachii* (davor), im hinteren Zentrum *Echinodorus bleheri* und rechts eine dichte Gruppe von *Hygrophila difformis*. In die Steinterrasse eingebaut eine Höhle und in der Mitte, zwischen einigen Steinen als Solitärpflanze eine Rote Tiger-lotus *(Nymphaea lotus)*

Um ein Urwaldbecken (s. u.) für Neonfische, Peru-, Karfunkel-, Kongo-, Dreibandsalmler, Laternenträger, Keilfleckenbarben usw. zu schaffen, wird eine Rückwand aus Schiefer oder kalkfreiem Gestein eingesetzt, werden eine bizarre Erlenwurzel und Kokosnussschalen eingebracht, der Bodengrund mit dunklem Material beschickt und die Oberfläche zu einem Drittel mit Schwimmpflanzen belegt. Das Wasser muss gerbstoffhaltig sein. Aus den angegebenen Pflanzengruppen wähle man Gewächse, die auch in weniger hellem Licht bei Torffilterung gedeihen. Beleuchtung von oben.

Auch ein Buntbarschbecken für Zwergcichliden wird ähnlich gestaltet wie der mit Steinhöhlen und Erlenwurzeln ausgestattete Typ.

Für stark wühlende Buntbarscharten dagegen muss der ganze Bodengrund klar gespült sein. Die Pflanzen sind in Töpfen auf die Ecken zu verteilen, falls man nicht eines Tages unliebsame Überraschungen erleben will. Allenfalls können hinter einem Baumstamm an der Rückseite des Beckens Sumpfschrauben gepflanzt werden. Sonst werden nur Schwimmpflanzen an Wurzeln kultiviert oder schwimmen an der Oberfläche. Eine Korkinsel mit rankenden Pflanzen trägt zur Verschönerung bei. Ein Durchlüfter ist angebracht, wenn keine CO_2-Düngung erfolgt. Er sollte jedoch nicht zu stark eingestellt werden, weil die meisten Pflanzen nicht zu starke Wasserbewegung mögen. Wer mit einer motorgetriebenen Filterpumpe arbeitet, sollte eher einen Diffusor verwenden. Ein Lindenholzausströmer ist, falls doch ein Ausströmer verwendet wird, effektiver. Seine Bläschen sind kleiner und streben nicht so schnell nach oben. Der Nachteil, dass sein Holz eine kürzere Lebensdauer hat als Kieselgur der normalen Ausströmer, wird damit wieder wettgemacht.

Einen anderen Typ stellt das Savannenbecken in seiner lichten Form dar (s. Abb. S. 59), z. B. für Serpasalmler, Rote von Rio, Wasserstieglitz, Glasbärblinge u. Ä. Besonders geeignet ist dafür ein Becken mit langer Form. Dann eignet es sich auch für Beilbauchfische. Terrassen und dichtere Bepflanzung geben ein verkrautetes Becken ab für Sumatrabarben, Schwertträger, Spiegelkärpflinge, Kopf- und Schrägsteher. Eine helle Hintergrunddekoration ist angebracht. – Bei einem geringen Salzzusatz entsteht daraus ein Mangrovenbecken mit Stelzwurzeln und Brackwasser, z. B. für Grundeln.

Urwaldbecken: Es soll dunkel gehalten und mit viel Wurzelholz ausgestattet werden. Für den Hintergrund verwenden wir wieder die groß werdende *Echinodorus bleheri*, die sich mit Exemplaren der roten *E. osiris* oder der so genannten Schwarzen Amazonas *(E. parviflorus)* ablöst. Als Solitärpflanzen eignen sich einige der kleiner bleibenden löffelblattbildenden Echinodoren, von denen meist nur wenige Arten im Handel erhältlich sind. Die rasenbildende *E. tenellus* gehört in den Vordergrund

Das Cryptocorynenbecken (s. Abb. S. 61) charakterisiert ein südasiatisches, mit Schwimmpflanzen überschattetes Urwaldgewässer für Barben und andere indische Karpfenfische. Werden bessere Lichtverhältnisse benötigt, sind die Pflanzengruppen durch hellaubige Pflanzen (Wasserfreund, Sumatrafarn) zu beleben. Auch für Labyrinthfische ist ein solches Becken geeignet, sobald der Wasserstand auf 25–30 cm herabgesetzt werden kann.

Besser ist ein längliches und niedriges Labyrintherbecken (s. Abb. S. 60) für eine verkrautende Pflanzenart, das sumpfartigen Charakter durch eine Torfmullschicht erhält. Es benötigt unbedingt verschiedene Schwimmpflanzen.

Das ebenfalls niedrige und lange Creek- oder Trockenflussbecken (s. Abb. S. 62) für Beilbauchfische, Epiplatys-, Rivulus- und Aphyosemion-Arten besitzt in dem eingeklammerten Teil einen derart ansteigenden Bodengrund, dass er mit Sumpfpflanzen besetzt werden kann, die über die Wasseroberfläche hinauswachsen und Blüten treiben, oder gar mit Arten, die höher über den Wasserspiegel hinausragen, falls auf eine Abdeckscheibe verzichtet wird. – Sind die Beckenwände hoch, so erhält man ein Ufer- oder Sumpfaquarium, dessen Luftteil bei tropischen Pflanzen gesondert erwärmt werden muss.

Sehr hohe Becken, z. B. das Amazonasbecken für Skalare (s. Abb. S. 63), müssen mit sehr hohen Pflanzen bestückt werden. Die oben ausgehöhlte Rückwand trägt Igelschlauch oder andere klein bleibende Arten der Gruppen 1 oder 3 sowie Schwalbennester mit Ranken der Gruppe 2. Im hinteren Drittel kann eine Terrasse aus Moorholz oder Schieferplatten eingerichtet werden, auf der lang werdende Sumpfschrauben *(Vallisneria gigantea)* und große Lobelien stehen, die auch weiter nach vorn gesetzt werden können. Röhricht ist in lockeren Gruppen notwendig. Neben Schwimmpflanzen kann man im oberen Teil des Röhrichts Moose mit Perlongarn befestigen, damit dieser Teil nicht zu kahl aussieht; es können auch schwimmende Korkinseln mit herabhängenden Ranken eingebracht werden. Diese Beckentypen können – wie bereits angegeben – vielfach abgewandelt und Rückwände auch als Hintergrunddekoration außerhalb des Beckens aufgestellt werden. Ein- und auslaufende Rohre oder Schläuche kann man durch

Savannenbecken: Einrichtungsvorschlag mit einer dichten Gruppe von *Myriophyllum aquaticum* (hinten links), einer ebensolchen Gruppe von *Ludwigia repens* (hinten rechts), dazwischen, separat stehend, eine Gruppe von mehreren Zwergspeerblattpflanzen *(Anubias nana)* sowie im linken Vordergrund die rasenbildene *Echinodorus tenellus*. Mehrere „Höhlen“ aus halben Kokosnussschalen (mit Schlupfloch) runden den Gesamteindruck ab

Labyrintherbecken: Einrichtungsvorschlag mit *Nomaphila corymbosa* im linken Hintergrund, Nixkraut (*Najas* – verschiedene Arten) im rechten Hintergrund. Der linksseitige Vordergrund ist mit kurzgehaltenen Büschen des Fettblatts (*Bacopa* – verschiedene Arten) ausgestattet, der rechte mit nicht zu üppig treibenden Javafarn-Ablegern *(Microsorium pteropus)*, die man am zweckmäßigsten auf ein dekoratives Wurzelstück gibt (mit dünnen Nylonfäden befestigen), wo sie mit der Zeit festwachsen

Steine, Platten, Wurzeln oder Pflanzen tarnen. Schwimmpflanzen sorgen für Abschattierung des Beckens, wo dies notwendig ist.

Die Haltetemperaturen sind wichtig. In den folgenden Aufstellungen sind die mittleren Temperaturen, die zur Zucht auch 1–2 °C höher liegen können, angegeben.

Der Neuling sollte zunächst anspruchslose, billige Arten von Salmlern, Karpfenfischen und einigen lebendgebärenden Zahnkarpfen in möglichst jungen Exemplaren wählen. Jedes Fachgeschäft berät ihn gern. Die Preise für Fische sind sehr verschieden. Sie richten sich nach Art, Größe und Alter.

Bei eigenen Bestellungen wird man stets einwandfreies Material erhalten. Ansonsten heißt es auch beim Fischkauf: Augen auf! Fische mit Schaukelbewegungen, angeklemmten Flossen, eingefallenen Bäuchen, Hauttrübungen oder gar Pilzbefall sind abzulehnen. Auch Fische, die in einem farbigen Wasser schwimmen, sollte man nicht wählen.

Empfehlenswert für den Anfänger ist, dass er sich auf eine Fischfamilie in mehreren Exemplaren je Art beschränkt; bei Schwarmfischen genügen 2–3 Arten mit je 6–8 Stück. Solche Besetzung sieht nicht nur besser aus, sondern erleichtert auch die Pflege und ist für die Fische selbst günstiger. Im Übrigen lassen sich ja nur Fische vergesellschaften, die im Wesen gleich sind und ähnliche Lebensbedingungen, vor allem bezüglich der Wasserwärme, Wasserbeschaffenheit und Beleuchtung stellen, auch wenn sie aus verschiedenen Erdteilen stammen. Ferner bringe man nie Fische zusammen, die sich bekämpfen. Fried- und Raubfische schließen sich gegenseitig aus. Auch größere Friedfische können kleineren nachstellen, sodass etwaige Raubeine abzusondern sind.

Für den Anfänger sehr geeignet ist auch das Halten von 3–4 Paar Zwergkärpflingern (Heterandria formosa) in einem hell stehenden Miniaturbecken von 25–30 cm Länge bei einer Haltetemperatur von 22–23 °C und mit 14-tägigem Teilwasserwechsel. An der Rückseite und den beiden Seiten sind Algen zu belassen. Heller Sand- und Kiesgrund mit niedrig bleibender Sumpfschraube im Hintergrund sowie Wasserfreund und Tausendblattbüschel an den Seiten. Versteckmöglichkeiten können durch eine kleine Steingrotte vor der Sumpfschraube vermehrt werden. Erhöhen sich die Temperaturen im Sommer auf 24–26 °C, dann bringen die Weibchen etwa einen Monat lang alle paar Tage einige lebendige Junge zur Welt. Kleines Lebend- und Kunstfutter sowie pflanzliche Zukost.

Ein anderes Miniaturaquarium kann je 2 Paar Zwergrasbora *(Rasbora maculata)*, Schwarzfleckrasbora *(R. urophthalma)* und Ziersalmler *(Nannostomus marginatus)* bei einer Durchschnittstemperatur von 23–25 °C aufnehmen. Standart hell, weiches Wasser (bis 12 °dH), Bodengrund mit dünner Schicht, Rückwand aus Schieferplatten. Indischer Wasserfreund, Sumatrafarn und Tausendblatt, zum Teil in dichten Büschen, Wasserfarn als Schwimmpflanzen. Kleines Lebend- und Kunstfutter.

Für ein 50-cm-Becken eignen sich 4–5 rote Platys *(Xiphophorus maculatus)* 4 Stück Kubabachlinge *(Rivulus cylindraceus)* und 8 männliche sowie 3–4 weibliche Guppys *(Poecilia reticulata)*. Einrichtung mit höhlenartiger Steingrotte und dunkler Außenrückwand. An Erlen- oder Moorwurzeln wird Federmoos in dichten Polstern verankert. Büschel- oder Lebermoos dienen als Schwimmpflanzen. Durchschnittswärme 24–25 °C. Altwasserauffrischung alle 2–3 Wochen. Lebend- und Kunstfutter.

Endlich sei noch ein Beispiel für Kaltwasserfische (vgl. nächstes Kapitel) angegeben zur Pflege von 6–8 Kardinalfischen *(Tanichthys albonubes)* in einem 40-cm-Becken. Zimmertemperaturen von 18–20 °C, 8- bis 14-tägige Altwasserauffrischung. Im Winter evtl. kleiner Stabheizer. Standort hell, im Sommer gegen zu hohe Erwärmung abgeschirmt. Zuchttemperatur bei 22 °C. Becken mit Wasserpest oder Wasserfreund und Hornkraut oder Tausendblatt. Kleines Lebend- und Kunstfutter.

Auch beim Einsetzen der Fische in das Becken muss man sehr vorsichtig sein. Beträgt der Temperaturunterschied zwischen Transport- und Beckenwasser mehr als 2 bis 3 °C, hängt man das Fischglas oder den geschlossenen Plastikbeutel mit den Fischen in das Becken hinein, sodass sich die Temperaturen ausgleichen. Um keine Überraschungen bezüglich der Wasserbeschaffenheit zu erleben, gießt man ferner von Zeit zu Zeit etwas Wasser aus dem Transportbeutel in das Becken und ersetzt es vorsichtig mit genauso viel Aquarienwasser, bis eine Angleichung der Wasserreaktion erfolgt. Während dieser Zeit sind die Fische auf etwaige Krankheitserscheinungen zu beobachten.

1 Stunde vor Einsetzen in das Becken ist dem Transportwasser ein Mittel gegen Verpilzung gemäß Gebrauchsanweisung zuzusetzen. Sofern sich kein Pilzansatz an den

Cryptocorynenbecken: Einrichtungsvorschlag mit Gruppen von *Cryptocoryne purpurea* (hinten links) und *C. affinis* (hinten rechts). Davor im linken Vordergrund eine Gruppe von *C. undulata* oder *C. willisii* und auf der rechten Seite eine „Insel" der bereits erwähnten *C. willisii* oder *C. wendtii*. Eine Steingrotte, flankiert von mehreren Kokosnuss-Unterständen, bringt auch in den Vordergrund Aktion

Creek- oder Trockenflussbecken: Einrichtungsvorschlag mit einem üppigen Eintrag der Schraubenvallisnerie *Vallisneria asiatica* var. *biwaensis*. Rechts davor – durch eine diagonal verlaufende flache Terrasse aus hellem Taunusschiefer unterbrochen – eine auffällig wirkende Gruppe der rostroten *Rotala macrandra* oder der kleinblättrigeren *R. rotundifolia*. In der rechten hinteren Ecke eine weitere Terrassenwand, auf deren erhöhtem Platz eine Gruppe des üppig wachsenden Seegrasblättrigen Trugkölbchens *(Heteranthera zosterifolia)* seinen Standort hat. Davor als Solitärpflanze ein schönes Exemplar des Eidechsenschwanzes *(Saururus cernuus)*, das jedoch in seiner Wuchshöhe in Grenzen gehalten werden sollte

Fischkörpern zeigt, werden sie dann ohne Transportwasser in das Becken gesetzt. Andernfalls ist das Bad nach 2 Stunden zu erneuern. Das Umsetzen erfolgt am besten abends oder bei abgedunkeltem Becken. Zumal sensible Fische, wie Zwerg- und Perlfadenfische, Sumatrabarben, Goldringelgrundeln u. a. können infolge der plötzlichen Lichtfülle sonst den Lichtschock bekommen und sich verletzen.

Zum Umsetzen von Fischen benutzt man am besten einen Kescher (= Fangnetz mit Bügel) (s. Abb. „Zubehör"), in das die Fische vorsichtig hineingetrieben werden.

Wenn neu eingebrachte Tiere ihre Farbe verlieren oder zunächst scheu sind, ist das normal. Nach einiger Zeit haben sie sich der neuen Umgebung angepasst, nehmen ihre natürliche Färbung und das Futter an und schwimmen munter umher. Im Übrigen ist es erstaunlich, wie schnell Fische ihre Farbe wechseln können, sei es bei Schreck oder Erregung – ein Umstand, der dem Aquarianer auch Fingerzeige für eine Änderung der Lebensbedingungen geben kann. Wer auf Nachzucht Wert legt, sollte nur schöne, gesunde und gut ernährte Fische auswählen und in ein gründlich gesäubertes Sonderbecken mit niedrigem Wasserstand von 8 bis 15 cm Höhe geben, in dem die Temperaturen, die Wasserbeschaffenheit, der Bodengrund, die Bepflanzung und der Standort den besonderen Laichgewohnheiten angepasst sind. Meistens genügt ein in der Längsrichtung des Beckens ansteigender Bodengrund mit lose eingebrachten, dichten Pflanzenbüschen oder grünem Perlongespinst. Bei empfindlichen Freilaichern (z.B. Neon) werden 4–6 cm große, dunkle Glasperlen eingebracht, in deren Zwischenräume die Eier absinken können, ohne von den Eltern erreichbar zu sein.

Bei Dauerlaichern, deren Laichperiode sich länger hinzieht, wobei jeweils nur wenige Eier abgestoßen werden, wird ein Laichrost etwa in $^1/_3$ der Beckenhöhe über den Bodengrund gelegt oder später senkrecht eingestellt, sodass die Eier oder die Jungfische durch den Rost geschützt werden. Auch empfiehlt es sich, die Eier abzusaugen oder mit einem Löffel abzulesen oder Pflanzen mit angeklebten Eiern in ein chemisch gleichartiges und gleich temperiertes Aufzuchtbecken zu überführen. Das gilt auch, wenn die Tiere im Haltebecken ablaichen. Benötigt man nur Zuchtgefäße von 3–5 Litern (z.B. für manche eierlegenden Zahnkarpfen), so können sie in ein größeres Aquarium eingehängt werden, um die Kosten für eine zweite Heizung zu sparen. Da Männchen und Weibchen miteinander harmonieren müssen, wählt man am besten Tiere, die schon im Becken Interesse füreinander zeigten. Da Liebesspielen und Treiben auf die Laichreifen einwirken, muss man den verfolgten Tieren Stellen dichten Pflanzenwuchses oder andere verstecken bieten.

Ein langsames Anschwellen des weiblichen Körpers kennzeichnet den Zeitpunkt, da das Weibchen in ein Zuchtbecken zu setzen ist, mit oder ohne Männchen, je nach den Gegebenheiten. Laichreifen Weibchen muss stets Gelegenheit zum Ablaichen gegeben werden. Andernfalls können schwere Schäden eintreten.

Die Laichzeit der meisten Fische liegt in den frühen Morgenstunden. Während der Laichperiode sollten im Zuchtbecken keine lebenden Wasserflöhe verfüttert werden, sondern Regenwurmstückchen, Mückenlarven usw. Bei Laichreife genügt ein teilweiser Wasserwechsel mit gleicher Wasserbeschaffenheit, um das Ablaichen zu veranlassen, teils mit etwas höherer, teils mit niedrigerer Temperatur.

Nach dem Ablaichen ist das Zuchtbecken abzudunkeln. Die Elternteile sind getrennt zu halten und kräftig zu füttern. Das das Zuchtwasser nun viele organische Bestandteile wie Samenflüssigkeit, Schleim usw. enthält, die ideale Nährböden für Fäulnisbakterien abgeben, muss das Zuchtwasser vorsichtig teilweise erneuert werden. Der Laich ist sorgfältig zu überwachen, und milchige oder verpilzte Eier sind mit einer Pinzette zu entfernen. Falls noch nicht geschehen, sollte man jetzt einen fein perlenden Durchlüfter einsetzen und bei entsprechenden Fischen für einen Gerbstoffzusatz sorgen. Erst wenn die Brut frei herumschwimmt, erhält sie Kleinstfutter.

Entsprechend ihren Laichgewohnheiten unterschiedet man Frei-, Haft- und Bodenlaicher.

Hohes Skalar- oder Diskusbecken: Wie der Einrichtungsvorschlag erkennen lässt, kann man das Becken durch den Einsatz von präparierten Bambusstäben gliedern – das ist Geschmackssache. Als Terrassenvorbau wurde ein längs halbierter Stamm eingebaut, den man entweder gegen die Seitenscheiben verkeilen oder mithilfe eines rückseitig angeschraubten L-Winkels aus Hart-PVC am Boden halten kann. Den linken Hintergrund füllt eine Gruppe der schnellwüchsigen und relativ anspruchslosen *Vallisneria gigantea* aus, an die sich rechts (mit Unterbrechung) hochwüchsige Exemplare der Großen Amazonas-Schwertpflanze *(Echinodorus bleheri)* anschließen. Davor sind ein oder zwei blickfangbildende *Eichhornia azurea* gepflanzt, die stets kurz gehalten werden müssen. Im rechten Mittelgrund erkennt man einige Exemplare der Rotblättrigen Schwertpflanze *(Echinodorus osiris).* Das Zentrum des Beckens ist mit der Grasartigen Schwertpflanze *(Echinodors tenellus)* eingerichtet und bietet viel Schwimmraum

Freilaicher sind Fische, die wie die meisten Salmler und Karpfen paarweise oder im Schwarm bei lebhaftem Treiben seitens des Männchens die Eier im freien Wasser oder zwischen Pflanzen abstoßen und anschließend sofort befruchten.

Haftlaicher geben ihre Eier stückweise oder in Reihen ab, kleben sie an Pflanzen, Wurzeln und Steinen an, wo sie dann vom Männchen befruchtet werden. Hierzu gehören auch Fische, die ihren Laich in Schaumnester ablegen (Labyrinther) oder gar außerhalb des Wassers ankleben (Spritzsalmler).

Bodenlaicher legen ihren Laich in Gruben, Höhlen oder unter Steinen ab, wo er vom Männchen befruchtet wird.

Unter den Haft- und Bodenlaichern gibt es Tiere, die Brutpflege treiben, entweder beide oder nur ein Elternteil. Endlich kennen wir Fische, bei denen eine innere Befruchtung durch das Männchen stattfindet, sodass nach der Eiablage keine weitere Befruchtung notwendig ist. Hierzu gehören auch die lebendgebärenden Arten, bei denen das Männchen zu entfernen bzw. nicht in das Zuchtbecken einzusetzen ist. Viele Fische stellen ihrem Laich und auch ihrer Brut nach, da die Verhältnisse im Aquarium zu eng sind. Auch bei Brutpflege treibenden Arten heißt es aufpassen; man darf die Tiere nicht erschrecken.

Abschließend sei noch einmal auf die beiden Punkte „elektrische Leitfähigkeit" und „osmotischer Druck" im Kapitel Wasser hingewiesen, in dem der Züchter Aufklärung darüber findet, warum die Eier mancher Arten, nachdem die Fische abgelaicht haben, nicht gedeihen.

In der Aquariumpflege ist es wichtig, jede Beunruhigung der Fische zu vermeiden, das Wachstum der Pflanzen nicht zu stören und alle Arbeiten am Becken auf ein Mindestmaß zu beschränken. Man sauge abendlich die Schlammecke ab, reinige wöchentlich die Vorderseite sowie eventuell den Bodengrund und fülle alle 14 Tage das verdunstete Wasser nach und gebe eine Wasserauffrischung hinzu. Nur bei Schäden an Pflanze oder Tier greife man schnell ein, z. B. bei starkem Algen- oder Mulmbelag, kümmerlichem Wachstum der Pflanzen und bei leider immer mal wieder vorkommenden Fischkrankheiten.

Nannacara aureocephalus stammt aus dem tropischen Französisch-Guayana. Ein pflegeleichter Zwergcichlide.

Kaltwasserfische

Auch ohne Heizer kann man eine große Anzahl heimischer und fremdländischer Fische halten, vorausgesetzt die Beckentemperatur sinkt im Winter nicht unter 8 °C.

Wer es sich leisten will und kann, hat heute die Möglichkeit, ein Kaltwasserbecken ganzjährig ohne Risiko zu betreiben. Eheim bietet als einzige deutsche Firma ein Kühlaggregat an, welches das Aquarienwasser auch an warmen europäischen Tagen auf entsprechende Temperaturen drückt, um damit den Fischen, deren Lebenselement kühleres Wasser ist, die notwendigen Temperaturen zu bieten.

Heimische Fische

Die Mehrzahl aller heimischen Fische lässt sich im Aquarium halten, so lange sie jung und nicht zu groß ist. Mit Ausnahme des Stichlings, der gesondert zu halten ist, kann man 2–4 Schwärme von je 4–6 Stück in ein 80- bis 100-cm-Becken setzen. Von Zeit zu Zeit ist ein Frischwasserzusatz nötig. Zeitweilig kann die Wintertemperatur auf 4–6 °C absinken. Empfehlenswert sind folgende Arten:

Bitterling *(Rhodeus amarus)*, 7 cm, bevorzugt Geselligkeit und einen mittelgroßen Behälter mit guter Bepflanzung und genügend Schwimmraum. Licht ist erwünscht. Zu einem Männchen setzt man 2–3 Weibchen. Zur Laichzeit gehören Malermuscheln *(Unio pictorum)* in das Becken, in deren Atemschlitze das Weibchen mithilfe einer sich zur Laichzeit bildenden Legeröhre die Eier ablegt. Der Bodengrund muss daher völlig klar gewachsen sein, und die Pflanzen sind durch Glas- und Schieferstreifen zu schützen. Wechselt man alle 10 Tage die Muscheln und legt sie in besondere Gefäße, so schwärmen hier nach 4–5 Wochen die Jungbitterlinge aus. Jedoch leistet die Malermuschel ihre Ammendienste nicht umsonst; vielmehr haken sich die von ihr ausgestoßenen Muschellarven an der Haut des Bitterlings fest und verlassen sie erst nach einigen Wochen als ausgebildete Malermuscheln (Symbiose). Zur Bepflanzung eignen sich Wasserpest oder Wasserfreund, Tausendblatt oder Nitella, Zwergkalmus oder Schaumkraut, Pillenfarn oder Schilfrohrstängel, einige Schwimmpflanzen, Allesfreser.

Elritze *(Ploxinus laevis)*, 12 cm, lebt ebenfalls in Schwärmen in nicht zu kleinen Becken, die aber spärlicher bepflanzt sein können. Das Becken darf nicht zu hell stehen und sollte dunklen Kies als Bodengrund besitzen, damit die Farben der Tiere zur Geltung kommen. Die Elritze ist ein Haftlaicher an Steinen in einem flachen Zuchtbecken mit ansteigendem Bodengrund. Allesfresser.

Goldorfe *(Idus melanotus)*, 30 cm, kann als Jungtier gehalten werden, ist ein Oberflächenfisch und benötigt eine gute Abdeckung. Sonst wie Bitterling oder Elritze. Allesfresser.

Gründling *(Gobio fluviatilis)*, 15 cm, lebt ebenfalls im Schwarm und hält sich mehr in Bodennähe auf, sodass er gut zu Goldorfen und Moderlieschen passt. Allesfresser.

Moderlieschen *(Leucaspius delineatus)*, 8 cm, ist als Schwarmfisch ein gewandter Springer, sodass das Becken gut abzudichten ist. Kann ins Bitterlingbecken gesetzt werden. Haftlaicher an Pflanzen, dessen Männchen das Gelege bewacht. Allesfresser.

Stichling *(Gasterosterus aculeatus* und *Pungitius pungitius)*, 6 cm, kein Friedfisch. Zu einem Männchen setzt man in ein 50-cm-Becken 2–3 Weibchen. Das Halten mehrerer Männchen mit entsprechender Anzahl Weibchen ist interessanter, jedoch ist dann ein größeres Becken mit guter Bepflanzung, Steinanordnung und Torf- oder Kunststoffplatten notwendig, sodass zur Laichzeit die Nebenbuhler einander nicht sehen können. Ecken sind dicht zu bepflanzen. Wasserpest darf nicht fehlen, Quellmoos ist zwischen Steinen zu befestigen sowie schwimmend einzubringen.

Tanichthys albonubes (Kardinalfisch)

Großer Schwimmraum, unter Umständen Durchlüfter. Allesfresser, vorwiegend Lebendfutter.

Ukelei *(Alburnus lucidus)*, 8 cm, ist ein Oberflächenfisch und ein guter Springer. Allesfresser, auch Fluginsekten.

Fremdländische Fische gemäßigter Zonen

Beim Erwerb prüfen, ob die Tiere bei mäßigen Temperaturen gehalten wurden; andernfalls sie erst langsam an geringere Temperaturen gewöhnen, im Winter nicht unter 14 °C, im Sommer bis 22 °C, Zucht wie angegeben. Alle 1–2 Wochen Teilwasserwechsel. Man hält entweder die kleineren Fische in Becken von 40 bis 50 cm, oder die großen in 60- bis 80-cm-Becken, von jeder Art etwa 3–6 Stück, vom Kaudi, Guppy und Koboldkärpfling 2 bis 3 Männchen auf 1 Weibchen. Viel Schwimmraum belassen, Bodengrund mit braunem Kies abdunkeln. Karpfenbecken mit etwas Torfmull. Standort hell. Zur Bepflanzung eignen sich Pfeilkraut oder Sumpfschraube, Sumpflöffel oder Schaumkraut, dichte Büsche von Tausendblatt oder Nitella. Schwimmpflanzen: Lebermoos, Wasserlinse, Moosfarn. Allesfresser und pflanzliche Zukost. Meist leicht zu züchten, Eigenarten der Familien beachten.

Nordamerikanische Sonnenbarsche

Zwergsonnenbarsch *(Elassoma evergladei)*, 3 cm, Scheibenbarsch *(Mesogonistius chaetodon)*, 7 cm, Diamantbarsch *(Enneacanthus gloriosus)*, 8 cm, Pfauenaugenbarsch *(Centrarchus macropterus)*, 10 cm, Sonnenbarsch *(Eupomotis gibbosus)*, 12 cm, Steinbarsch *(Ambloplites rupestris)*, 10 cm und der Maskenkärpfling *(Fundulus dispar)*, ein eierlegender Zahnkärpfling, 6 cm: Prächtige Tiere aus Nordamerika, aber Raubfische, sodass stets nur gleich große Exemplare zusammen gehalten werden können.

Jedes Männchen wählt sich einen bestimmten Standort, den es verteidigt. Gelegentliche Beißereien sind harmlos. Am besten gewöhnt man eine Anzahl Jungfische aneinander. Geräumiges Becken ist notwendig. Alle 1–2 Wochen Teilwasserwechsel. Im Winter bis zu 10 °C, sonst 15–20 °C, nicht über 25 °C. Sehr schreckhafte Tiere, Vorsicht beim herantreten. Nur Lebendfutter. Meist Grubenlaicher. Männchen treibt Brutpflege, eventuell Weibchen entfernen. Nach Frei-

Carassius auratus auratus:
Zuchtform Ranchu oder Löwenkopf

Zuchtform Perlschuppen-Goldfisch

Fische gemäßigter oder subtropischer Zonen und Sonnenbarsche, die auch kühleres Wasser vertragen

Name	Größe in cm ♂	♀	Heimat	Familie	Zucht-temperatur in °C
Aphanius iberus Spanienkärpfling		5	Spanien Zahnkarpfen	Eierlegende	22
Carassius auratus auratus Goldfisch (und Zuchtvarianten)		30	China	Karpfenfische	22
Centrarchus macropterus Pfauenaugenbarsch		12	östl. USA	Sonnenbarsche	22
Chrosomus erythrogaster Rötling		8	nördl. u. mittlere USA	Weißfische	25
Corydoras aeneus Metall-Panzerwels		7	Südamerika	Panzer- und Schwielenwelse	25
Corydoras paleatus Punktierter Panzerwels		7	Südamerika	Panzer- und Schwielenwelse	22
Elassoma evergladai Schwarzbarsch/Zwergbarsch		3,5	südöstl. USA	Sonnenbarsche	22
Enneacanthus chaetodon Scheibenbarsch		10	östl. USA	Sonnenbarsche	22
Enneacanthus obesus Diamantbarsch		10	östl. USA	Sonnenbarsche	22
Gambusia affinis affinis *Gambusia affinis holbrooki* Texas- bzw. Koboldkärpfling	4 4	5 5	Texas- bzw. südöstl. USA Zahnkarpfen	Lebend- gebärende	24
Lepomis gibbosus Gemeiner Sonnenbarsch		12	USA östl. der Rockies	Sonnenbarsche	22
Macropodus chinensis Rundschwanzmakropode		8	Korea bis Südchina	Labyrinthfische	24
Notropis lutrensis Amerikanische Rotflossenorfe		8	östl. USA	Karpfenfische	25
Phalloceros caudimaculatus Schwanzfleckkärpfling, Kaudi	3	3	südl. (trop.) Südamerika	Lebendgebährende Zahnkarpfen	24
Puntius conchonius Prachtbarbe		8	Indien	Karpfenfische	26
Puntius semifasciolatus Messing- oder Halbstreifenbarbe		7	China	Karpfenfische	24
Tanichthys albonutes Kardinalfisch		4	Südchina	Karpfenfisch	22

schwimmen der Brut Männchen 6–8 Wochen Ruhe gönnen. Erstfutter: Nauplien. Zwergsonnenbarsch kann auch in einer breiten Glasschale, mit Grobsand und Pflanzen versehen, auf dem Tisch gehalten werden, zu einem Männchen 2 Weibchen. Eltern stellen ihrer Brut nicht nach. Zusatz von einer Messerspitze Salz.

Goldfische

Goldfisch, Schleierschwanz, Shubunkin. Helles, geräumiges Becken ohne zu helles Licht mit viel Schwimmraum und nicht zu feinfiedrigen Pflanzen. An der Hinterwand Sumpfschraube, in beiden Ecken Wasserfreund und Sumatrafarn. Als Schwimmpflanzen Lebermoos oder Wasserfarn. Mulm ist stets zu entfernen, andernfalls ist ein Filter angebracht. Temperaturen nicht unter 14 °C, zur Zucht 22 – 23 °C. Starke Allesfresser. Man hält 2–3 Männchen auf 1 Weibchen. Männchen haben zur Laichzeit (Mai bis Juni) auf den Kiemendeckeln weißgraue Triebwarzen. Eltern, die nach der morgendlichen Laichablage meist erschöpft sind, herausfangen, da Laichräuber, oder den an den Pflanzen und am Boden liegenden Laich in ein flaches, veralgtes Aufzuchtbecken mit feinfiedrigen Pflanzen bringen. Schlüpfzeit 5–7 Tage. Die frei schwimmende Brut erhält zunächst Infusorien, später Kleinstfutter. Sind die Jungfische einige Zentimeter groß, so können sie mit den Alten zusammengesetzt werden.

Vier afrikanische Salmler
Arnoldichthys spilopterus (Afrikanischer Rotaugensalmler)

Brycinus longipinnis (Afrikanischer Langflossensalmler)

Phenacogrammus interruptus (Kongosalmler)

Distichodus sexfasciatus (Roter Distichodus)

Tropische Fische, Warmwasserfische

Es gibt mehrere tausend Arten von Warmwasserfischen, die bei uns ständig gehandelt werden. Von ihnen wird eine kleine Auswahl beschrieben. Es handelt sich dabei vornehmlich um Arten, die infolge geglückter Nachzuchten zum bleibenden Bestand bei deutschen Liebhabern geworden und in Zoohandlungen erhältlich sind. Die Einteilung erfolgt nach der Familienzusammengehörigkeit. Das besagt jedoch nicht, dass keine andere Zusammenstellung möglich ist. Jedoch sind hierfür die bereits beim Thema „Wasser" angegebenen Maßnahmen zu beachten. Die Laichtemperaturen für diese Arten liegen meist 1–2 Grad über den mittleren Haltetemperaturen.

Salmlerverwandte

(Characoidei)

Die meisten hier vorgestellten sind friedliche und gesellige Schwarmfische, oft mit einer Fettflosse hinter der Rückenflosse, jedoch stets ohne Barteln. In nicht zusagender Gesellschaft werden sie leicht scheu. Bewohner meist schmaler Bäche mit grasbewachsenem Ufer oder des Urwalds Mittel- und Südamerikas sowie Zentralafrikas, sodass sie nicht unter 24 °C im Winter zu halten sind. Becken mit großem Schwimmraum und dichter Bepflanzung an den Seiten, Röhricht und kleinen Steingrotten. Standort hell, durch Schwimmpflanzen abgeschirmt. Wasser weich mit Gerbstoffzusatz oder Torffilter. Wasserzusätze mit Frischwasser. Fische mit Leuchtzeichen und der Trauertetra fühlen sich im abgeschatteten Urwaldbecken mit dunklem Hintergrund und Basaltsplitt am wohlsten. Fische mit Pastellfarben oder rotem Flossenwerk lieben helles Savannenbecken. Allesfresser, vornehmlich Lebendfutter.

Meist Freilaicher und arge Laichräuber. Geräumiges Zuchtbecken von 6–8 Litern Inhalt mit dunklen Glasperlen oder ohne Bodengrund mit untergelegtem Schwarzpapier und einem Glasrost. Sorgfältig gereinigte Büschel feinfiedriger Pflanzen und Schwimmpflanzen. Wenn das Weibchen Laichansatz zeigt, Pärchen abends ins Zuchtbecken bringen, das nur mäßig zu beleuchten ist. Mit durchgespülten Enchyträen, Regenwurmstückchen usw. füttern. Nach dem Ablaichen Eltern sofort entfernen, das Wasser teilweise mit Frischwasser erneuern und den Wasserspiegel auf 8–12 cm senken. Becken unbedingt abdunkeln. Schlüpfzeit 1–4 Tage. Als Erstfutter nach dem Freischwimmen bekommen die Jungfische Kleinst-, notfalls sogar Staubfutter.

Chilodus punctatus (Punktierter Kopfsteher)

Häufig angebotene Arten aus den verschiedenen Salmlerfamilien

Die Zugehörigkeit zu der jeweiligen Familie wird in der letzten Spalte angegeben.

Name	Endgröße in cm	Heimat	Temperaturen in °C	Besonderheiten
Abramites hypselonotus Brachsensalmler	14	Amazonien und System des Paraná	24–28	*Anostomidae;* bisher keine Nachzuchterfolge in Gefangenschaft
Anostomus anostomus Prachtkopfsteher	18	Teile Amazoniens	24–28	*Anostomidae;* Zucht sehr schwer; Teilvegetarier
Aphyocharax anisitsi Rotflossensalmler	5,5	System des Paraná Südamerika	23–26	*Characidae;* liebt viel Licht
Arnoldichthys spilopterus Rotaugensalmler	8	Nigeria bis Kamerun, Afrika	24–28	*Alestidae;* springt; größeres Becken, gut abdecken
Boehlkea fredochui Blauer Tetra	5	oberer Amazonas	24–28	*Characidae;* rauflustig
Brycinus longipinnis Langflossensalmler	15	Westafrika in kräftig fließenden Gewässern	22–25	*Alestidae;* sehr ähnlich mit *B. chaperi;* liebt Lebendfutter
Carnegiella marthae Schwarzschwingen-Beilbauch	3,5	Amazonien	24–28	*Gasteropelecidae;* liebt Sonne und springt zuweilen
Carnegiella myersi Glasbeilbauch	2,5	oberer Amazonas	24–28	kleinster Baulbauch
Carnegiella strigata Marmorierter Beilbauch	4,5	Amazonien	24–28	Marmorierung unterschiedlich; springt
Chalceus macroleipidotus Rotschwanzsalmler	35	nördliches Amazonien	24–28	*Characidae;* sehr ähnlich, jedoch mit gelben Restflossen = *C. erythurus* aus Zentralamazonien
Characidium fasciatum Gebänderter Bodensalmler	10	Südamerika	20–26	*Characidiidae;* liebt auffälligen Wasserwechsel
Chilodus punctatus Punktierter Kopfsteher	12	nördliches und westliches Amazonien	24–28	*Curimatidae;* Fortpflanzung im Aquarium nicht einfach; verkümmert bei Einzelhaltung

Name	Endgröße in cm	Heimat	Temperaturen in °C	Besonderheiten
Copeina guttata Forellensalmler	15	Zentral-amazonien	24–28	*Lebiasinidae;* starke Springer
Copella arnoldi Spritzsalmler	8	östliches Amazonien	22–26	Hohe Sprünge sind den Fischen angeboren
Crenuchus spilurus Kleiner Prachtsalmler	6	Westl. Guayanaländer bis Zentral-amazonien	24–28	*Crenuchidae;* liebt gut bepflanzte Becken, weiches Wasser und Lebendfutter
Ctenolucius hujeta Nördlicher Hechtsalmler	70	O-Panamá bis N-Kolumbien	24–28	*Ctenoluciidae;* mehrere Unterarten; nur als Jungfische im Aquarium zu pflegen
Distichodus sexfasciatus Roter Distichodus	30	mittlerer und unterer Kongo	24–28	*Citharinidae;* wegen schöner Rotfärbung begehrt; Pflanzenfresser; kleiner ist D. *noboli (8 cm)*
Exodon paradoxus Zweipunktsalmler	15	nordöstliches Amazonien	24–28	*Characidae;* springt; braucht viel Raum und belästigt bissig die Mitbewohner

Anostomus anostomus (Prachtkopfsteher, Jungtiere)

Name	Endgröße in cm	Heimat	Temperaturen in °C	Besonderheiten
Gymnocorymbus ternetzi Trauermantelsalmler, Trauertetra	6	südl. Amazonien, Mato Grosso und System des Rio Paraná	24–28	Characidae; liebt klares, weiches und leicht saures Wasser
Hasemania nana Kupfersalmler	5	System des Rio São Francisco; O-Brasilien	24–28	Characidae; früher zur Gattung *Hemigrammus* gestellt
Hemigrammus armstrongi Goldtetra	4,5	westliche Guayanaländer	24–28	*Characidae;* wirkt besonders im großen Schwarm
Hemigrammus caudovittatus Rautenflecksalmler	8	System des Paraná	22–26	*Characidae;* liebt pflanzliche Zukost
Hemigrammus ocellifer Laternensalmler	4,5	Amazonien mit Orinoco	22–28	*Characidae;* wie vor
Hemigrammus pulcher Karfunkelsalmler	4,5	peruanisches Amazonien	22–28	*Characidae;* wie vor
Hemiodopsis gracilis Schlanker Keulensalmler	16	Ostama- zonien, Guayanaländer bis Rio São Francisco	22–28	*Hemiodidae;* braucht Becken ab 80 cm Länge
Hyphessobrycon callistus Blutsalmler	4	System des Rio Paraguay	22–28	*Characidae;* weiches, leicht saures Wasser
Hyphessobrycon flammeus Roter von Rio	4,5	SO-Brasilien	24–28	*Characidae;* wie vor
Hyphessobrycon herbertaxelrodi Schwarzer Neon	3,5	Mato Grosso; Brasilien	24–28	*Characidae;* wie vor
Hyphessobrycon heterrorhabdus Dreibandsalmler	4,5	System des mittl. und unteren Amazonas	24–28	*Characidae;* wie vor

Name	Endgröße in cm	Heimat	Temperaturen in °C	Besonderheiten
Hyphessobrycon loretoensis Loretosalmler	4	peruanisches Amazonien	24–28	*Characidae;* wie vor
Hyphessobrycon pulchrippinis Zitronensalmler	5	Zentral-amazonien	24–28	*Characidae;* wie vor
Hyphessobrycon serpae Serpasalmler	4,5	Amazonien	24–28	*Characidae;* wie vor
Hyphessobrycon sweglesi Roter Phantomsalmler	4,4	oberer Amazonas; evtl. oberer Orinoco	24–28	*Charadidae*; wie *Hyph. callistus*
Inpaichthys kerri Königssalmler	4,5	Rio Aripuana Amazonien	24–28	*Characidae;* dunkel eingerichtete Becken, sonst wie vor; ♂ größer und farbig
Leporinus fasciatus Gebänderter Leproinus	30	Amazonien und System des Rio Paraná	22–30	*Anostomidae;* nur als Jungtier für Normalaquarien
Metynnis argenteus Silberner Mühlsteinsalmler	24–28	östliches Amazonien	24–28	*Serrasalmidae;* nur für große Becken; pflanzenfressende Schwarmfische
Mimagoniates microlepis Blauflossentetra	8	System des Paraná, SO-Brasilien	22–26	*Caracidae;* liebt helles Becken und Lebendfutter

Gymnocorymbus ternetzi (Trauertetra)

Chalceus microlepidotus (Rotschwanzsalmler)

Name	Endgröße in cm	Heimat	Temperaturen in °C	Besonderheiten
Moenkhausia sanctaefilomenae Rotaugenmoenkhausia	7	Teile des Systems des Paraná	22–28	*Characidae;* anspruchsloser Schwarmfisch
Mylossoma duriventre Gemeiner Scheibensalmler	über 20	südl. Amazonien, System des Paraná	22–28	*Serrasalmidae;* wie bei *Margenteus* angegeben
Nannaethiops unitaeniatus Afrikanischer Einstreifensalmler	7	Westafrika	24–28	*Citharinidae;* zeigt im Gesellschaftsbecken nicht seine beste Färbung
Nannocharax fasciatus Afrikanischer Bodensalmler	7,5	Westafrika	20–26	*Citharinidae;* viele ähnliche Arten der Gattung
Nannostomus beckfordi Längsbandziersalmler	7	Zentralamazonien, Guayanaländer	23–27	*Lebiasinidae;* nicht zu große reichlich bepflanzte Becken
Nannostomus marginatus Zwergziersalmler	4	Kolumbien, Guayanaländer bis zum unteren Amazonas	23–27	Lebiasinidae; wie vor
Nannostomus sp. Roter Peru-Ziersalmler	2–3	Prov. Loreto, Perú	23–27	Lebiasinidae; erst im Jahr 2000 entdeckt

Moenkhausia sanctaefilomenae (Rotaugenmoenkhausia)

Nematobrycon palmeri (Kaisersalmler)

Name	Endgröße in cm	Heimat	Temperaturen in °C	Besonderheiten
Nematobrycon palmeri Kaisersalmler	6	Kolumbien	24–28	*Characidae;* lieben möglichst weiches und saures Wasser
Neolebias ansorgii Grüner Neolebias	3,5	Waldgebiete Kamerun bis W-Kongo	22–26	*Citharinidae;* kein Fisch fürs Gesellschaftsbecken; Arthaltung besser
Paracheirodon innesi Neonsalmler	4	oberer Amazonas	22–28	*Characidae;* kann bei Temperaturen bis 18 °C gehalten werden; Wasser weich und sauer
Paracheirodon axelrodi Roter Neon	5	linke Zuflüsse des oberen Rio Negro und Nebenflüsse d. ob. Orinoko	24–28	*Characidae;* einfach in der Haltung, auch in mäßig weichem Wasser, Zucht nur in extrem weichem Wasser
Petitella georgiae Rotkopfsalmler	6	oberer Amazonas	24–28	*Characidae;* ähnlich ist Hemigrammus
Phago loricatus Schnabelsalmler	14–16	Westafrika (Niger)	24–28	*Citharinidae;* räuberische, hechtartig gestreckte Art

Hyphessobrycon herbertaxelrodi (Schwarzer Neon)

Paracheirodon axelrodi (Roter Neon)

Name	Endgröße in cm	Heimat	Temperaturen in °C	Besonderheiten
Phenacogrammus interruptus Kongosalmler	10	Kongobecken	24–28	*Alestidae;* schleierartige Flosse; entwickeln sich optimal in sehr weichem Wasser und großem Becken
Poeciliocharax weitzmani Blautüpfel-Prachtsalmler	3	oberer Amazonas und obere Rio Negro-Orinoko-Region	24–28	*Crenuchidae;* nimmt überwiegend Lebendfutter
Pristella maxillaris Sternflecksalmler	4,5	nordöstliches Amazonien	24–28	*Characidae;* Synonym: *P. riddley*
Semaprochilodus insignis Nachtsalmler	30–35	Amazonien	24–28	*Curimatidae;* Speisefische, im Jugendkleid mit gelb gemusterter Schwanzflosse; nur große Becken
Serrasalmus nattereri Natterers Sägesalmler	30	Amazonien	24–28	*Serrasalmidae;* mit roter Kehle und Brust ; im Spezialaquarium zu halten
Thayeria boehlkei Schwarzbinden-Schrägschwimmer	6	oberer Amazonas, Rio Araguaia	24–28	*Characidae;* mit durchgehendem schwarzen Längsband
Thayeria obliqua Halbbinden-Schrägschwimmer, Pinguintetra	8	oberer Amazonas, Rio Tocantins	24–28	*Characidae;* mit schwarzer Halbbinde im Hinterkörper und unterer Schwanzflosse
Thoracocharax securis Platinbeilbauch	9	zentrales und westliches Amazonien	24–28	*Gasteropelecidae;* Becken mit großer Oberfläche; springt
Triporteus angulatus Punktierter Kropfsalmler	10–20	Becken des Amazonas und des Paraná	24–28	*Characidae;* für Becken ab 80 cm Länge; springt; sonst anspruchslos

Thoracocharax securis (Platinbeilbauch)

Karpfenfische

(Cyprinidae)

Friedliche und gesellige Schwarmfische, meist in Bodennähe stiller oder langsam fließender Gewässer Südasiens. Gründeln gern, weshalb feinfiedrige Pflanzen zu meiden sind; geeignet sind Sumpfschraube, Pfeilkraut, Wasserkelch und Sumatrafarn in nicht zu kleinen Behältern mit dunklem Hinter- und Untergrund aus Basaltsplitt oder Torfmull, Bepflanzung muss Versteckmöglichkeiten, aber auch genug Schwimmraum bieten. Schwimmpflanzen und auffallendes Licht. Monatliche Auffrischung mit Altwasser. *Rasbora*-Arten gut abdecken, da es Springer sind. Allesfresser nehmen vornehmlich Lebendfutter und lieben pflanzliche Zukost.

Meist Freilaicher in der Morgensonne, Laichräuber. Frischwasserzusatz erhöht die Laichwilligkeit. Lange Zuchtbecken mit ansteigendem Kiesgrund, feinfiedrigen Pflanzen und niedrigem Wasserstand. 2–3 Männchen auf 1 Weibchen. Das Weibchen kommt 1 bis 2 Tage vor den Männchen in das Zuchtbecken. Eltertiere im Zuchtbecken nicht mit Wasserflöhen füttern. Nach Ablaichen Eltern entfernen und Zuchtbecken 5–6 Tage gut abdunkeln. Bei Dauerlaichern, wie *Danios und Rasbora*-Arten, Laichrost einbringen. Schlüpfzeit 1–4 Tage. Erstfutter Infusorien, Staubfutter und geriebener Trockensalat.

Barben, Danios, Rasboren und bekannte Verwandte

Name	Endgröße in cm	Heimat	Temperaturen in °C	Besonderheiten
Balantiocheilus melanopterus Haibarbe	35	Südostasien	22–26	erreicht im Aquarium nicht volle Länge
Brachydanio albolineatus Schillerbärbling	6	Indochina	22–26	liebt helles Licht und klares Wasser
Brachydanio kerri Inselbärbling	5	Westküste von S-Thailand	22–26	wie vor
Brachydanio rerio Zebrabärbling	5,5	O-Indien bis Bangladesch	20–26	liebt helles Becken mit klarem Wasser
Danio aequipinnatus Malabarbärbling	10	südwestliches Indien (Malabarküste)	23–27	größere, lichtreiche Becken mit reichlich Schwimmraum
Epalzeorhynchos bicolor Feuerschwanz	12	S-Thailand	22–26	benötigt größere versteckreiche Becken
Epalzeorhynchos frenatus Grüner Fransenlipper	8	O-Thailand	22–28	etwas einfacher zu züchten als vorgenannte Art

Balantiocheilus melanopterus (Haibarbe)

Name	Endgröße in cm	Heimat	Temperaturen in °C	Besonderheiten
Epalzeorhynchos kalopterus Schönflossenbarbe	16	Sumatra und Borneo	22 – 28	wächst im Aquarium nur bis etwa 10 cm
Epalzeorhynchos siamensis Siamesische Saugbarbe	16	Malaiische Halbinsel	22 – 28	wie vor
Puntius arulius Aruliusbarbe	12	S- und O-Indien	22 – 28	♂♂ mit dunkelroter Rückenflosse, deren Strahlen verlängert sind

Puntius arulius (Aruliusbarbe)

Danio arquipinnatus (Malabarbärbling)

Brachydanio albolineatus (Schillerbärbling)

Name	Endgröße in cm	Heimat	Temperaturen in °C	Besonderheiten
Puntius conchonius Prachtbarbe	8	O-Indien bis Birma	22–26	sind anspruchslos; auch Schleierform; Anfängerfisch
Puntius everetti Everettbarbe	10–12	Malaiische Halbinsel und Borneo	24–28	wie vor; zuweilen sehr schreckhaft
Puntius lateristriga Schwarzbandbarbe	20	Thailand, Malaysia und indonesische Inseln	23–27	bleibt im Aquarium unter erwähnter Endgröße
Puntius nigrofasciatus Purpurkopfbarbe	6	Sri Lanka (Ceylon)	22–28	anspruchslos; liebt Halbschatten
Puntius oligolepis Eilandbarbe	5	Sumatra	22–26	nicht zu hell
Puntius pentazona Fünfgürtelbarbe	5,5	Südostasien	23–27	liebt frisches Wasser!
Puntius semifasciolatus Messingbarbe	8	SO-China	20–25	helles Becken mit reichlicher Bepflanzung
Puntius tetrazona Sumatrabarbe	6	Sumatra	22–28	liebt frisches Wasser!
Puntius ticto Zuchtform: Rubinbarbe oder Odessabarbe	6	Südostasien	22–26	im Freibecken bis 10 cm; zwei Rassen bekannt

Puntius nigrofasciatus (Purpurkopfbarbe)

Puntius tetrazona (Sumatrabarbe)

Name	Endgröße in cm	Heimat	Temperaturen in °C	Besonderheiten
Puntius titteya Bitterlingsbarbe	5	Sri Lanka (Ceylos)	22–26	Schwarmfisch in weichem, leicht saurem Wasser
Rasbora caudimaculata Schwanzfleckbärbling	12	Malaiische Halbinsel, Sumatra	22–26	nicht in zu kleinen Becken pflegen!
Rasbora einthovenii Längsbandbärbling	10	Südostasien einschl. indonesische Inseln	22–26	empfindlichere Art, bei Wohlbefinden schwimmfreudig
Rasbora kalochroma Schönflossenrasbora	5	Malaiische Halbinsel, Borneo, Sumatra	24–28	empfindlicher Pflegling; meist schon importgeschädigt
Rasbora maculata Zwergbärbling	2,5	Malaiische Halbinsel, Borneo,, Sumatra	24–28	Urwaldbecken, wie *T. heteromorpha*
Rasbora pauciperforata Rotstreifenbärbling	7	hauptsächlich Sumatra	24–28	wie vor
Rasbora trilineata Glasrasbora	12	Borneo und Sumatra	22–26	liebt helle Becken, reich bepflanzt
Rasbora vaterifloris Perlmutterbärbling	4	Sri Lanka (Ceylon)	22–26	hochrückig mit rötlichem Glanz (♂♂)
Tranichthys albonubes Kardinalfisch	4	China (Kanton)	20–22	nicht zu warm halten!
Trigonostigma hengeli Hengels Bärbling	3	S-Thailand (!) und Sumatra	24–28	liebt reichlich bepflanzte Becken und weiches Wasser
Trigonostigma heteromorpha Keilfleckbärbling	4,5	Malaiische Halbinsel und Sumatra	24–28	wie vor, Urwaldbecken; Wasser mittelsauer

Trigonostigma heteromorpha (Keilfleckbärbling)

Rasbora caudimaculata (Schwarzfleckenbärbling)

Flossensauger
(Homalopteridae),

Algenfresser
(Gyrinocheilidae),

Dorngrundeln und Schmerlen
(Cobitidae)

Eine Gruppe schnell schwimmender Bodenfische, die man – einige wenige Arten ausgenommen – niemals häufig in den Angeboten der Händler findet.

Flossensauger sind die empfindlicheren Bewohner, denn sie kommen aus kühleren Gebirgsbächen und sind viel Sauerstoff im Wasser gewöhnt. Werden sie zu warm (= über 22 °C) gehalten, werden sie im Aquarium nicht alt. In vielen Becken mangelt es dazu an der notwendigen Sauerstoffanreicherung. Die Nahrung der Flossensauger besteht hauptsächlich aus Algen. Eine der schönsten Arten ist *Homeloptera orthogoniata,* mit beige-braun marmorierter Rückenpartie.

Dagegen lassen sich Algenfresser gut eingewöhnen und ausdauernd pflegen. Die einzige Art der Familie ist *Gyinocheilus aymonieri,* einer der bekanntesten „Algenputzer".

Die Vertreter dieser genannten Familien stammen aus Südostasien. Aus diesen Gebieten kommen auch die meisten der im Aquarium gehaltenen Schmerlen und Dorngrundeln. Mit den letzten Namen werden in erster Linie die Vertreter der Gattung *Acanthophthalmus* belegt, 8–10 cm lange Fischchen von wurmförmiger Gestalt und quergebänderter Körpermusterung. Diese, wie auch die Schmerlen, tragen unterhalb der Augen einen ein- oder zweispitzigen Dorn, den sie bei Gefahr vorklappen können. Daher Vorsicht: Die Tiere nicht mit der Hand fangen und drücken!

In den Gattungen Acanthopsis und Botia sind die bekannten Schmerlen zusammengefasst, von denen die Prachtschmerle *(B. macracantha)* als die schönste angesehen wird. Interessant ist auch die kleinste Art, *Botia sidthimunki,* vielen eher als „Schachbrettschmerle" bekannt. Schmerlen wachsen im Aquarium nicht besonders schnell. Sie lieben es, von Zeit zu Zeit ihr Versteck aufzusuchen. Als Schwarmfische (!) sind sie gesellig; einzeln gehaltene Tiere werden scheu und leben meist versteckt. Allesfresser. Die Nachzucht ist bisher meines Wissens noch nicht gelungen. Vorsicht im Umgang mit dem Fangnetz: Sie können leicht mit Flossenfortsätzen oder ihren Dornen hängen bleiben und sich dabei lebensgefährlich verletzen.

Homalopterus orthogoniata (Sattelfleck-Flossensauger)

Dorngrundeln und Schmerlen aus Asien

Bekannte und zumeist auch im Handel erhältliche Arten.

Name	Endgröße in cm	Heimat	Temperaturen in °C	Besonderheiten
Acanthophthalmus kuhlii Gemeines Dornauge	8	Malaiische Halbinsel, Borneo und Sumatra	22–26	dämmerungsaktiv; liebt weichen Boden (Mulm, Torf)
Acanthopsis choirorhynchos Rüsselschmerle	20	Südostasien	22–26	egoistisch und zänkisch; wühlt
Botia dario Goldringelschmerle	12	nördl. Indien, Bangladesch	22–26	dämmerungsaktiv; liebt sauerstoffreiches, leicht saures Wasser
Botia hymenophysa Tigerschmerle	22	Südostasien	22–26	unverträglich und häufig aggressiv gegen Mitbewohner
Botia lacontei Lacontes Schmerle	7	Thailand	22–26	alle Flossen rotorange
Botia lohachata Netzschmerle	10	Pakistan bis Bangladesch	22–26	dämmerungs- bis nachtaktiv
Botia macracantha Prachtschmerle Schwarm	30	Sumatra und Borneo	22–28	im Aquarium kleiner bleibend, nur im zu halten, sonst sehr scheu

Gyrinocheilus aymonieri (Algenfresser)

Botia hymenohysa (Tigerschmerle)

Botia macracantha (Prachtschmerle)

Botia lohachata (Netzschmerle)

Name	Endgröße in cm	Heimat	Temperaturen in °C	Besonderheiten
Botia modesta Rotschwanzschmerle	22	Südostasien	22–28	dämmerungs- und nachtaktiv; im Aquarium kaum über 10 cm
Botia morleti Aalstrichschmerle	10	Südostasien	22–26	schwimmfreudige und friedfertige Art; dämmerungsaktiv, Synonym: *B. horae*
Botia sidthimunki Schachbrettschmerle	4	N-Thailand bis Malaiische Halbinsel	22–28	friedlicher Allesfresser; kleinste Art; Musterung unterschiedlich
Gyrinocheilus aymonieri Algenfresser	25	Teile Südostasiens	22–28	unscheinbare Färbung, jedoch guter Algenvertilger

Fiederbartwelse
(Mochocidae)

Panzerwelse
(Callichthyidae)

Harnischwelse
(Loricariidae)

und andere Familien

Vertreter dieser Familien sind nicht nur friedliche und bizarre Fische im Aquarium, sie sind auch ausgezeichnete Restevertilger. Deshalb hat man ihnen schon den Namen „Gesundheitspolizei" gegeben. Wo Welse Bodengrund, Steine und Pflanzen nach Futterrückständen und anderem für sie Verwertbarem absuchen, können sich keine Herde durch Zersetzungen dieser Dinge bilden; die Tiere „riechen" mit ihren Tastorganen förmlich die Kost und machen sich darüber her.

Der seltsam anzuschauende Rückenschwimmer Kongowels *(Synodontis nigriventris)* stammt aus der Familie der Fiederbartwelse und ist kein Bodenfisch, wie man schon beim Vergleich der Haltetemperaturen zu den anderen Welsfamilien feststellen kann. Die Tiere benötigen keine großen Becken, schätzen aber dichte Bepflanzung und dunklen Bodengrund. Ihre Schwimmweise entspricht der Angewohnheit, Blätter der Pflanzen auf der Unterseite nach Algen abzuweiden. Zusätzliche Pflanzenkost scheint überhaupt für die Tiere wichtig zu sein. Sonst sind sie hart und ausdauernd. Die Zucht gelang schon häufiger in Höhlen und Blumentöpfen. In den letzten Jahren wurden immer neue gemusterte Arten eingeführt, wie man aus Tabelle und Fotos entnehmen kann.

Die meisten der im Aquarium gepflegten Welse zählen zur Gattung *Corydoras* (Panzerwelse). Die oft metallisch glänzenden kleinen Gesellen sind Schwarmfische, die einzeln gehalten meist verkümmern. Die Temperaturen am Boden sollen nicht über 24 °C hinausgehen. Meist stellen sie an das Wasser keine besonderen Ansprüche. In ihrer Heimat, dem tropischen Südamerika, suchen sie weite Gebiete in kleinen Trupps nach Nahrung ab, weshalb ihr Aquarium nicht zu klein sein sollte.

Auch ihre Zucht gelingt einem erfahrenen Aquarianer häufig. Man verwendet dafür ein gesondertes Becken. Meist gibt man zu einem Weibchen 2 oder 3 Männchen, bis sich das weibliche Tier für einen Partner entschieden hat. Die Geschlechtsunterschiede lassen sich an den Flossenformen erkennen, noch besser an der ausgeprägten Körperform der weiblichen Tiere. Nach stürmischem Treiben klebt das Weibchen die Eier an vorher geputzte Substrate (Steine, Pflanzen, Wurzeln). Der Vorgang wiederholt sich mehrmals. An-

Von der Panzerwels-Art *Corydoras aeneus* gibt es viele geographische Varianten

Acanthicus adonis (Elfenwels)

schließend die Eltern entfernen. Schlüpfzeit 5–6 Tage. Anfüttern der Jungtiere mit Kleinstfutter.

In der Dämmerung werden auch die Arten aus der Familie der Harnischwelse wach. Diese Tiere liegen oder hängen tagsüber in einem Versteck unter einem Stein oder unter einem Baumstumpf. Als Darmatmer bevorzugen sie flaches Wasser; gemessen an den seichten tiefen eines Urwaldstromes finden sie das aber auch in größeren und tieferen Aquarien noch. Als Bodenbewohner brauchen sie allerdings kein so warmes Wasser wie die meistens über ihnen schwimmenden Salmler und Buntbarsche. Versagt die Heizung einmal und erhöht die Wassertemperatur stärker, zählen die Welse oft zu den ersten Toten. Andererseits können sie auch sehr zäh sein. So wurde schon beim totalen Ausräumen eines Aquariums ganz zum Schluss noch ein versteckter Wels gefunden, der trotz aufgewirbeltem Mulms und trüber Brühe überlebte.

Besonders die Vertreter aus der Familie der Harnischwelse (aber auch die meisten anderen) haben am Körper viele kleine Fortsätze neben den Barteln. Wenn sie mit dem Netz gefangen werden, so ist das Entfernen daraus einigermaßen schwierig, ohne die Tiere dabei zu verletzen. Besser ist es deshalb, sie nur mithilfe einer Glasglocke oder mit einem Marmeladen- oder Einmachglas zu fangen. Dabei wird das Glas lediglich seitlich gekippt aufgestellt und das Tier mit einem Gegenstand hineingetrieben.

Welsarten aus verschiedenen Familien
Die Familienzugehörigkeit wird in der letzten Spalte angegeben.

Name	Endgröße in cm	Heimat	Temperaturanspruch in °C	Familien; Besonderheiten
Acanthicus adonis Elfenwels	16–20	Amazonien	22–26	Loricariidae; Jungtiere schwarz mit weißen Punkten; tief gegabelte Schwanzflosse
Agamyxis pectinifrons Kammdornwels	15	Amazonien	22–26	Doradidae; mit weißen Tüpfeln
Amblydoras hancockii Knurrender Dornwels	15	Amazonien	22–26	Doradidae; braungrundig
Ancistrus dolichopterus Blauer Antennenwels	14	Amazonien	22–26	Loricariidae; mit gegabelten Antennen auf dem Vorderkopf
Brochis splendens Grüner Panzerwels	8	oberer Amazonas	22–26	Callichthyidae; etwas etwas größer als die meisten Panzerwelse
Callichthys callichthys Schwielenwels	18	Südamerika ohne westl. der Anden	22–26	Callichthyidae; dämmerungsaktiv
Dysichtys coracorideus Bratpfannenwels	15	Amazonien und System der Paraná	22–26	Aspredinidae; etwa 20 Arten beschrieben, doch nicht leicht zu unterscheiden

Name	Endgröße in cm	Heimat	Temperaturanspruch in °C	Familien; Besonderheiten
Corydoras aeneus *Corydoras arcuatus* *Corydoras bondi* *Corydoras julii* *Corydoras metae* *Corydoras paleatus* *Corydoras rabauti* *Corydoras schwartzi* *Corydoras trilineatus* *Corydoras undulatus*	5–8	Südamerika	22–26	Callichthyidae; tag- und dämmerungsaktive Schwarmfische; Arten unterscheiden sich auch durch Zeichnung; leichteste Nachzucht bei *C. paleatus*, der weit im Süden vorkommt
Corydoras barbatus Schabracken-Panzerwels	12	östl. Süd-Amerika zw. Rio de Janeiro und São Paulo	22–26	Callichthyidae; größte Art; empfindlich, wenn Wasser nicht optimal weich und sauber

Glyptoperichthys gibbiceps (Tüpfelschilderwels)

Name	Endgröße in cm	Heimat	Temperaturanspruch in °C	Familien; Besonderheiten
Corydoras cochui *Corydoras hastatus* *Corydoras pygmaeus*	2,5–3	Brasilien, Mato Grosso, Rio Paraguay	22–26	Callichthyidiae, kleinste Arten, sonst wie vor
Dianema longibarbis Langbärtiger Panzerwels	10	Amazonas	22–26	Callichthyidae; sehr spitzlköpfig
Farlowella gracilis	20	S-Kolumbien, anschl. Brasilien	22–26	Loricariidae; sehr schlank und gestreckt; 40 Arten
Glyptoperichthys gibbiceps Tüpfelschilderwels	50	oberer Amazonas; Peru	22–28	Loricariidae; extrem große Rückenflosse; Schwanzflosse gerundet oder zweizipfelig
Hypostomus punctatus Punktierter Hypostomus	50	Südamerika	22–28	Loricariidae; meist als *„Plecostomus"* gehandelt; über 70 Arten
Kryptopterus bicirrhis Indischer Glaswels	10	Südostasien	24–28	Siluridae; Schwarmfische (!), nicht mit rauen Arten pflegen; tagaktiv; Lebendfutter nötig
Liposarcus anisitsi Strahlenschilderwels	50	System des Paraná	22–28	Loricariidae; schwarz-weiß gemustert; zweizipfelige Schwanflosse
Liposarcus multiradiatus Wabenschilderwels	50	westl. und südl. Amazonien	22–28	Loricariidae; Wabenmuster über Körper; Punkte auf Flossen, Schwanzflosse zweizipfelig
Megalechis thoracata Gemalter Panzerwels	18	Venezuela bei Mündung des Paraná	22–28	Callichthyidae; dämmerungsaktiv
Microglanis iheringi Hummelwels	8–10	Amazonien	22–28	Pimelodidae; dämmerungsaktiv, anspruchslos, friedlich

Name	Endgröße in cm	Heimat	Temperaturanspruch in °C	Familien; Besonderheiten
Otocinclus flexilis	6	System des Rio Paraná	20–26	Loricariidae; starke Algenverzehrer;
Otocinclus vittatus Kleiner Algenwels	6	wie vor	20–26	sehr viele Arten
Panaque nigrolineatus Schwarzlilien-Saugwels	25	Venezuela, Kolumbien, Brasilien	20–26	Loricariidae; ruhige Art, braucht ruhige Gesellschaft
Peckoltia pulchera Gebänderter Zwergschilderwels	6	zentrales Amazonien	22–28	Loricariidae; friedlich, nachtaktiv
Peckoltia vittata Zierbinden-Zwergschilderwels	9	zentrales Amazonien bis Paraná	22–28	Loricarridae; wie vor
Phractura ansorgii Arikanischer Harnischwels	8	Westafrika (Niger)	22–24	Amphiliidae; ähnlich wie *Rineloricaria* aus Südamerika
Platydoras costatus Liniendornwels	15	nördliches und zentrales Amazonien	22–26	Doradidae; mit gegabelter Schwanzflosse
Rineloricaria filamentosa Filament-Harnischwels	25	Zentral-brasilien (?), Kolumbien, Ecuador	22–26	Loricariidae; bleibt im Aquarium kleiner; mäßig viel Licht und reichl. Bepflanzung

Corydoras barbatus (Schabracken-Panzerwels)

Panaque nigrolineatus (Schwarzlinien-Saugwels)

Name	Endgröße in cm	Heimat	Temperaturanspruch in °C	Familien; Besonderheiten
Sturisoma panamense Langflossen-Harnischwels	25	Kolumbien, Panama (Ost)	22–26	Loricariidae; rein weiches Wasser erforderlich, doch chemisch so rein wie möglich; Nachzucht möglich
Synodontis angelicus Perlhuhnwels	25	Westafrika	22–26	Mochocidae; kommen nur, wenn gut eingewöhnt, tagsüber aus Versteck; schönste Art der Gattung
Synodontis brichardi Brichards Fiederbartwels	über 15	Westafrika	22–26	Mochocidae; mit extrem gegabelter Schwanzflosse

Synodontis angelicus (Perlhuhnwels)

Name	Endgröße in cm	Heimat	Temperaturanspruch in °C	Familien; Besonderheiten
Synodontis decorus	32	Westafrika	22–26	Mochocidae; schöne, hellgrundige Art mit wenigon dunklen Punkten und Flossenfilamenten
Synodontis flavitaeniatus	20	Westafrika	22–26	Mochocidae; dunkle Grundfärbung mit gelblichbeigen Linien
Synodontis nigriventris Rückenschwimmender Kongowels	10	Westafrika	22–28	Mochocidae; fast ständiger Rückenschwimmer
Synodontis njassae Malawi-Fiederbartwels	20	Malawisee	22–26	Mochocidae; einzige Art der Gattung im See
Synodontis multipunctatus Tanganjika-Fiederbartwels	30	Tanganjikasee	22–26	Mochocidae; meist eingeführte Art aus dem See; ferner *S. petricola*
Synodontis schoutedeni	18	Westafrika	22–26	Mochocidae; dunkle Grundfärbung mit beiger Mäandermusterung

Synodontis nigriventris (Rückenschwimmender Kongowels)

Synodontis multipunctatus (Vielpunkt-Tanganjika-Fliederbartwels)

Eierlegende Zahnkarpfenverwandte
(*Cyprinodontiformes* part.)

Keine Anfängerfische. Farbschöne Räuber, die nicht mit kleinen Fischen zusammen gehalten werden dürfen. Nur die friedlichsten sind für Sie ausgewählt. Eine gewisse Verträglichkeit besteht nur dann, wenn in einem größeren Becken verschiedene Arten paarweise oder die Aphyosemion-Arten im Schwarm gehalten werden. Nicht zu kleine, verkrautete Behälter mit niedrigem Wasserstand, viel Schwimmraum nahe der Oberfläche und Schwimmpflanzen. Heller Standort, Oberlicht. Altwasser bis zu 12 °dH, Durchschnittstemperatur nur 21–23 °C. Werden die Tiere in wärmerem Wasser gehalten, so wird damit der Lebensablauf beschleunigt. Salz-zusatz von 1 gestrichenen Teelöffel auf 10 l Wasser.

Bodengrund mit Basaltsplitt oder Torfmull. Versteckplätze zum Beispiel aus durchlöcherten Torfziegeln, Steingrotten, Wurzeln und Kokosnussschalen. Deckscheibe muss gut schließen, weil die meisten Tiere Oberflächenfische und gute Springer sind! *Rivulus*-Arten „sonnen" sich gern auf Schwimmpflanzen und können sich an Scheiben festhalten. Vorsicht beim Füttern und Herausfangen!

Aphyosemion-Arten benötigen weiches, gerbsäurehaltiges Altwasser (dH 4–6 °, pH 6–7). Kräftiges Lebend- oder Frostfutter, Wasserflöhe nur als Notbehelf, teilweise pflanzliche Zukost. Haft- und Bodenlaicher, die verschiedenartig zu züchten sind. *Aplocheilus*-Arten sind Pflanzenlaicher nahe der Wasseroberfläche. Schlüpfzeit 12–14 Tage. Zuchtbecken muss planarienfrei sein. Bei den *Epiplatys*-Arten wird jeweils nur 1 Ei abgestoßen, das an Pflanzen nahe des Wasserspiegels kleben bleibt, sodass es ratsam ist, diese Pflanzenteile in ein Aufzuchtbecken zu setzen. Schlüpfzeit 8–12 Tage. Das Zuchtbecken der Aphyosemion-Arten muss dicht bepflanzt und gedämpft sein. Das Männchen des Floridakärpflings triebt Brutpflege und ist nach dem Schlüpfen des Geleges (5–6 Tage) zu entfernen. So genannte Wüstenfische und Verwandte brauchen leichten Salzzusatz ins Wasser.

Fundulopanchax sjoestedti (Sjöstedts Prachtkärpfling)

Eierlegende Zahnkarpfen oder Killifische

Nicht immer im Handel erhältlich, eher auf Zierfischbörsen oder bei spezialisierten Aquarienfreunden

Name	Endgröße in cm	Heimat	Temperaturanspruch in °C	Besonderheiten
Aphyosemion australe Bunter Kap Lopez	6	Gabun/Afrika	22–24	friedlich, nicht zu hell, verschiedene Zuchtformen
Aphyosemion multicolor Vielfarbener Prachtkärpfling	4–6	südwestl. Nigeria	22–24	lebhaft, nicht zu viel Licht geben
Aplocheilus panchax Gemeiner Hechtling	6	Sri Lanka (Ceylon)	22–28	Oberflächenfisch
Cynolebias alexandri Gebänderter Fächerfisch	6–8 (♂)	N-Argentinien/ Uruguay	22–28	in Wasser (fast) jede Härte haltbar
Cynolebias nigripinnis Schwarzer Fächerfisch	4–5	Paraguay bis Golf von La Plata	20–24	weiches Wasser bis etwa 10 °dH, mittelhell
Cynolebias whitei Whites Fächerfisch	8 (♂)	SO-Brasilien	20–24	Rücken- und Afterflosse spitz ausgezogen
Cyprinodon macularius Stahlblauer Wüstenfisch	5	Wüsten der westl. USA	24–30	lebt meist im harten und im Sommer heißen (Winter kühl) Wasser seines Biotops
Cyprinodon variegatus Edelsteinkärpfling	7	wie vor	24–30	wie vor
Epiplatys lamottei Rotpunkt-Hechtling	7	Liberia/Guinea bis Nigeria	24–28	Oberflächenfisch, nimmt Nahrung nur ungern vom Boden; springt!
Epiplatys sexfasciatus Sechsbandhechtling	10	Ghana bis Gabun	22–26	verschiedene Unterarten bekannt
Fundulus chrysonotus Goldauge	6–8	Florida	22–26	helles Becken und klares Wasser
Fundulopanchax deltaensis Delta-Prachtkärpfling	10	Regenwaldgebiete Westafrikas	24–28	sehr schöne und kräftig farbige Art
Fundulopanchax gardneri Gardners Prachtkärpfling	6–8	Nigeria bis W-Kamerun	22–24	schönste Form ist *F. g. nigerianum*

Name	Endgröße in cm	Heimat	Temperaturanspruch in °C	Besonderheiten
Fundulopanchax occidentalis	9–10	Sierra Leone Westafrika	22–24	größte Art der Goldfasan-Prachtkärpfling Gattung; Zucht noch bei 8–12 °dH möglich
Fundulopanchax sjoestedti Sjöstedts Prachtkärpfling	12–13	S-Nigeria bis W-Kamerun	22–24	Männchen: Nur 1 Tier je Becken; rauflustig
Jordanella floridae Floridakärpfling	6	Florida	20–26	heller Standort und reichlich Bepflanzung
Lamprichthys tanganicanus Tanganjika-Leuchtauge	14 (♂)	Tanganjikasee	24–28	einzige Art der Gattung, ♀♀ kleiner
Nothobranchius eggersi Eggers' Prachtgrund-kärpfling	4	Ostafrika (Tansania)	22–24	neue Art in verschiedenen Formen
Nothobranchius jubbi Jubbs Prachtgrund-kärpfling	6	Ostafrika (Kenia)	22–24	neue Art in 2 Varianten
Nothobranchius korthausae Korthaus' Prachtgrundkärpfling	5	Ostafrika (Insel Mafia, Tansania)	22–24	2 Formen (braun und rot) auf der Insel festgestellt
Nothobranchius patrizii Patrizis Prachtgrund-kärpfling	5	Ostafrika (Somalia)	22–24	gute Art; rote Schwanzflosse, wie viele der Gattung
Nothobranchius orthonotus Südlicher Prachtgrund-kärpfling	10	Südafrika (Natal)	22–24	größte Art der Gattung; in seinem Lebensraum weit verbreitet
Procatopus abberans Leuchtaugenfisch	4–6	Nigeria bis Kamerun	22–24	Urwaldbecken mit klarem Wasser; schreckhaft, daher Schwimmpflanze
Pseudepiplatys annulatus Ringelhechtling	4	Westafrika	23–25	Haftlaicher; nicht leicht zu züchten
Pterolebias longipinnis Schleierkärpfling	10	Brasilien bis N-Argentinien (Chaco)	20–24	verschiedene Farbvarianten, zuweilen auch mit roten Tönen
Rivulus holmiae Guayana-Bachling	10	Guayanaländer	22–24	gehört dem sog. Micropus-Komplex an

Pseudepiplatys annulatus (Ringelhechtling) lebt in Westafrika und weist eine charakteristische Bindenmusterung auf. Die hier abgebildete Form stammt aus Guinea

Aphyosemion australe (orange Zuchtform, Kap Lopez)

Nothobranchius patrizii (Patrizis Prachtgrundkärpfling)

Cynolebias alexandri (Gebänderter Fächerfisch)

Jordanella floridae (Floridakärpfling)

Lebendgebärende Zahnkarpfen

(*Cyprinodontiformes* part.)

Beliebte, meist einfach zu haltende Schwarmfische, die jedoch nach Größe getrennt zu halten sind. Für die kleinsten genügen Becken von 25–30 cm, die großen benötigen Behälter von 60–80 cm. Das Becken, das wie ein Schwarmfisch- oder Savannenbecken eingerichtet werden kann, muss Versteckmöglichkeiten für die Weibchen bieten (Steingrotten, halbe, seitlich gekippte Blumentöpfe und dichte Büschel von Tausendblattarten), aber genügend Schwimmraum frei lassen. In die Beckenmitte können Wasserwegerich oder niedrige Wasserkelche gesetzt werden und eine bizarre Erlenwurzel und Kokosnussschalen auf freiem Bodengrund liegen. Schwimmpflanzen: Froschbiss, Lebermoos, Federmoos oder Muschelblume, je nach Beckengröße. Der Standort des Beckens soll sonnig sein oder reichlich künstliches Licht erhalten. Das Wasser muss weich sein, also ein Gemisch aus Leitungs- und Regen- oder destilliertem Wasser. Teilweiser Wasserwechsel alle 2–3 Monate. Die *Poecilia*-Arten benötigen Temperaturen um 26 °C (nur Stab heizer!) und bei Unbehagen (Schaukeln, Flossenklemmen) einen Salzzusatz, der allmonatlich nachzufüllen ist. Allesfresser, abwechslungsreiches Lebendfutter und pflanzliche Zukost, weshalb Algen an den Scheiben zu belassen sind. Diese Arten bringen lebende Junge zur Welt.

Die Männchen sind kleiner als die Weibchen, auch farbenprächtiger und haben eine zu einem Begattungsorgan (Gonopodium) umgebildete Afterflosse. Eine einmalige Begattung reicht für mehrere Würfe des Weibchens aus, das nach der Begattung einen dunklen Trächtigkeitsfleck in der Aftergegend zeigt und dann ohne das Männchen in ein veralgtes Aufzuchtbecken zu setzen ist, dessen Lichtseite dicht mit feinfiedrigen Pflanzen besetzt wird und das Schwimmpflanzen (Büschelfarn, Lebermoos, Zwergwasserschlauch) aufweist. Nach der Brutablage ist das Weibchen aus dem Aufzuchtbecken zu entfernen, da Bruträuber, und der Wasserstand auf 12 bis 15 cm zu senken. Die Brut muss sofort mit Kleinstfutter versorgt werden. Ratsam ist, die Jungtiere nach Geschlechtern zu trennen, um schöne Tiere zu erhalten. Nur der Zwergkärpfling, dessen Weibchen 1–2 Wochen lang täglich immer nur 1–3 Junge absetzt, im ganzen 15–25, stellt seinen Jungen nicht nach.

Da verschiedene Arten auch untereinander kreuzen, gibt es farbenprächtige Bastarde. In früheren Jahren glaubte man, dass sich Schwertträgermännchen „bei Bedarf" in voll fortpflanzungsfähige Weibchen umwandeln könnten. Untersuchungen haben jedoch bewiesen, dass man zwei Gruppen von Männchen unterscheiden muss: die schlanken normalen „Frühmännchen" und die sich erst zu einem späteren Zeitpunkt voll entwickelnden „Spätmännchen", die einen wesentlich plumperen, hochrückigeren Körper haben und in ihrem Habitus an Weibchen erinnern.

Poecilia reticulata (zwei Fächerschwanz-Farbformen, lebendgebärend)

Lebendgebärende Zahnkarpfen

Name	Endgröße in cm	Heimat	Temperaturanspruch in °C	Besonderheiten, Wasser*
Alfaro cultratus Messerschwanzkärpfling	♂ 9, ♀ 10	Costa Rica bis W-Panama	20–25	geräumige Becken, W-MH
Belonsesox belizanus Lebendgebärender Hechtkärpfling atlant. Seite	♂ 10, ♀ 12	Veracruz/ Mexiko bis Nicaragua,	24–28	liebt sehr ruhiges Wasser, kein Anspruch an Wasserqualität
Brachyrhaphis rhabdophora Kurznadeliger Kärpfling	♂ 3, ♀ 5	Costa Rica, beide Seiten	20–24	bevorzugt obere Wasserschichten. W-MH
Gambusia affinis Texaskärpfling	♂ 3, ♀ 3,5	südl. Alabama bis Rio Pãnuco /Mex.	18–26	widerstandsfähige Art; kaum Anspruch an Wasserqualität
Gambusia puncticulata Punktierte Gambuse, Blaue Gambuse	♂ 4,5, ♀ 6	Kuba, Bahamas, Jamaika, Cayman Islands, Isle of Pines	24–26	*G. p. yucatana* als Festlandsform; kaum Anspruch an Wasser
Giradinus falcatus Leuchtaugenkärpfling, Sichelkärpfling	♂ 5, ♀ 7	Kuba	22–25	anspruchlos; keine Ansprüche an Wasserqualität
Giradinus metallicus Metallkärpfling	♂ 5, ♀ 9	O-Mexiko (Rio Nautla) b. Nicaragua	22–25	wie vor
Heterandria formosa Zwergkärpfling	♂ 2, ♀ 3	South Carolina bis Florida (süd-östl. USA)	20–26	auch für kleine Becken; Wasser wie vor
Phallichthys amates Guatemalakärpfling	♂ 4, ♀ 5	atlant. Küsten- tiefland Guatemala bis Panamá	22–26	Unterart *P. a. pittieri* in Costa Rica u. NW v. Panamá; Wasser wie vor
Phalloceros caudimaculatus Kaudi, Eifleckkärpfling, Rautenfleckkärpfling	♂ 3, ♀ 5–7	System des Paraná in Südamerika	20–23	Nicht zu warm halten! Nicht zu weiches Wasser

* Die unterschiedlichen Wasseransprüche sind in der letzten Spalte angegeben.

Name	Endgröße in cm	Heimat	Temperaturanspruch in °C	Besonderheiten, Wasser*
Poecilia butleri Butlers Molly	♂ 7, ♀ 10	pazifische Seite Mexiko bis Panamá	24–26	zum *P.-sphenops*-Komplex gehörend; kein weiches Wasser
Poecilia latipinna Breitflossenkärpfling	♂ 10, ♀ 12	Carolina (USA)bis atlant. Seite N-Mexikos	20–26	alle Wassertypen einschließlich Brackwasser
Poecilia maylandi Maylands Molly, Rio-Balsas-Molly	♂ 8, ♀ 6–7	Becken des Rio Balsas/ Mexiko	24–26	verschiedene Variationen in der Musterung; Wasser Mittelwerte
Poecilia reticulata Guppy	♂ 3, ♀ 5–6	nördliches Amazonien, Venezuela und südl. Karibische Inseln	24–26	kein weiches Wasser; reagiert positiv auf leichte Salzzugabe

* Die unterschiedlichen Wasseransprüche sind in der letzten Spalte angegeben.

Poecilia velifera (schwarzblaue Zucht-Farbform)

Name	Endgröße in cm	Heimat	Temperaturanspruch in °C	Besonderheiten, Wasser*
Poecilia sphenops Spitzmaulkärpfling	♂ 7, ♀ 10	in Mittelamerika weit verbreitet	24–26	Im *Sphenops*-Formenkreis sind eine Reihe von P.-Arten zusammengefasst, kein weiches Wasser
Poecilia velifera Segelkärpfling	♂ 15, ♀ 18	Küstenrandgebiete der Halbinsel Yucatán/Mexiko	24–28	geht auch ins Brackwasser; keine Haltung im weichen Wasser
Poecilia vittata Kuba- oder Bänderkärpfling	♂ 6, ♀ 10	Kuba	22–26	fast jedes klare und reine Wasser; lebhaft und anspruchslos
Priapella intermedia Blauaugenkärpfling	♂ 5, ♀ 7	S-Mexiko	24–26	Wasser nicht zu weich doch sauerstoffreich
Xiphophorus alvarezi Alvarez' Schwertträger	♂ 6, ♀ 7,5	S-Mexiko und Hochland von Guatemala	22–24	kein hartes, eher weiches Wasser und kein Salzzusatz! Nicht zu warm

* Die unterschiedlichen Wasseransprüche sind in der letzten Spalte angegeben.

Poecilia velifera (orangerote Zucht-Farbform)

Name	Endgröße in cm	Heimat	Temperaturanspruch in °C	Besonderheiten, Wasser*
Xiphophorus helleri Schwertträger	♂ 10, ♀ 16	atlantische Seite Mexikos (Veracruz) bis Belize (auch in höheren Lagen)	22–24	wie vor, viele Zuchtformen
Xiphophorus maculatus Spiegelplaty, Platy	♂ 3,5, ♀ 6	S-Mexiko (Veracruz) bis Guatemala und Belize nur auf atlant. Seite	22–24	wie *X. alvarezi;* viele Zuchtformen
Xiphophorus variatus Veränderlicher Spiegelkärpfling, Papageienplaty	♂ 5,5, ♀ 7	atlantische Seite M- und S-Mexikos bis Veracruz	22–24	wie vor

* Die unterschiedlichen Wasseransprüche sind in der letzten Spalte angegeben.

Xiphophorus helleri (Lyrateil-Zuchtformen)

Xiphophorus helleri (Tuxedo-Zuchtformen)

Xiphophorus maculatus/variatus (Zuchtvarianten):

Tuxedo-Pinselschwanzplaty

Korallenplaty

Blauspiegelplaty

Goldplaty

Ährenfische

(Atherinidae)

Von der großen Artenzahl der Ährenfische, zu denen früher auch die Regenbogenfische gerechnet wurden, sind für die Aquaristik nicht mehr viel übrig geblieben, wenn man von den Importen ausgeht – und selbst dabei handelt es sich fast immer um Nachzuchten.

Telmatherina ladigesi, der Celebes-Segelfisch, stammt von der gleichnamigen indonesischen Insel, die heute Sulawesi genannt wird. Etwa 7 cm werden die schönen munteren Fische lang. Beide Geschlechter zeigen eine blaugelbe Färbung, wenn auch die Weibchen meist etwas blasser bleiben. Man soll die Tiere etwas wärmer halten als die der vorgenannten Art. Auch diese Ährenfische sind, wie die Regenbogenfische, Allesfresser, die jedoch lebendes (auch tiefgekühltes fleischiges) Futter vorziehen. Teilwasserwechsel ist auch für diese Fische unabdingbar, wenn man Vitalität oder Nachzuchten erwartet.

Blauaugen und Regenbogenfische

(Pseudomugilidae und Melanotaeniidae)

Das Vorkommen der Regenbogenfische erstreckt sich über das tropische und subtropische Australien, Neuguinea (gesamte Insel) sowie einige der dazwischen gelegenen Inseln sowie der Insel Madagaskar. Äußerlich sind Regenbogenfische vor allem an ihrer zweigeteilten Rückenflosse zu erkennen, wie sie auch die weniger eingeführten Ährenfische tragen (siehe da). In den letzten Jahren sind Regenbogenfische durch verschiedene Initiativen in höherer Artenzahl eingeführt und nachgezüchtet worden.

Chilatherina bleheri (Blehers Regenbogenfisch)

Melanotaenia boesemani (Boesemans Regenbogenfisch)

Das ist einmal der Rotgeschwänzte Ährenfisch *(Bedotia geayi)*, dessen Heimat auf Madagaskar liegt. Die Art wird etwa 15 cm lang, doch bleiben die Exemplare im Aquarium meist etwas kleiner. Man hält sie bei 22 bis 25 °C. Bei diesen Allesfressern lassen sich die Weibchen durch größere Körperfülle erkennen. Auch diese Fische sind Dauerlaicher: Die Eltern stellen den freigeschwommenen Jungen nicht nach. Während des Larvenstadiums hängen die Nachkommen nicht an Substraten, sondern mit dem Dottersack – schräg kopfab – an der Wasseroberfläche.

Bei den Regenbogenfischen handelt es sich um friedlich Schwarmfische, denen man zum Wohlbefinden ein geräumiges Becken nicht unter 100 cm Frontlänge mit vielen Pflanzen und hellem Licht anbieten soll. Im Gegensatz zu früheren Ansichten konnte ‚festgestellt werden, dass die Lebensräume dieser Fische ein besonders weiches, oft auch leicht saures Wasser aufweisen. Reichliche Nachzuchten (Dauerlaicher) haben diese Feststellungen zudem bestätigt. Die Jungfische sind größtenteils, wenn sie aus dem Larvenstadium herausgewachsen sind, noch winzig klein, sodass als Erstnahrung ausgesuchtes Kleinstfutter (Pantoffeltierchen und andere Infusorien, auch Rädertierchen) zu reichen ist. Häufiger Teilwasserwechsel unerlässlich, wenn Nachzucht erwünscht.

Regenbogenfische aus Australien und von Neuguinea

Bekannte und zumeist auch in größeren Zoofachgeschäften erhältliche Arten.

Name	Endgröße in cm	Heimat	Temperaturanspruch in °C	Besonderheiten
Chilatherina bleheri Blehers Regenbogenfisch	8	westl. Neuguinea	22–28	Blehers Regenbogenfisch grün, orange, blau
Glossolepis incisus Lachsfarbener Regenbogenfisch	15	Sentani-See (Westirian)	22–26	Männchen mit lachsroter Färbung
Iriatherina werneri Fadenflossen-Regenbogenfisch	3–3,5	S-Neuguinea und äußerer Zipfel von Kap-York-Halbinsel (Australien)	22–28	Männchen mit stark verringerten Flossen; sehr schön!
Melanotaenia boesemani Boesemans Regenbogenfisch	8–10	nordwestliches Westirian	22–28	herrliche Färbung des Männchens, wenn richtig gepflegt
Melanotaenia herbertaxelrodi Tebera-Regenbogenfisch	9	östl. Neuguinea (nahe Lake Tebera)	22–28	schöne Art mit blauen und goldgelben Tönen

Melanotaenia lacustris (Katubu-Regenbogenfisch)

Name	Endgröße in cm	Heimat	Temperaturanspruch in °C	Besonderheiten
Melanotaenia lacustris Kutubu-Regenbogenfisch	10	Lake Kutubu, Papua-Neuguinea	22–28	dunkelblau und weiß gemusterter Schwarmfisch; einzeln gehaltene Tiere meist heller
Melanotaenia maccullochi McCullochs Regenbogenfisch	7–8	NO-Australien	22–26	altbekannte Art
Melanotaenia splendida Östlicher Regenbogenfisch	10–15	NO-Australien	22–26	verschiedene Unterarten beschrieben; dazu Farbformen
Melanotaenia trifasciata Dreistreifiger Regenbogenfisch	12	NO-Australien und N-Australien	22–26	weit gestreute Verbreitung mit Farbvarianten
Pseudomugil conniae Popondetta-Regenbogenfisch	5	östl. Zipfel von Neuguinea	22–28	attraktive klein bleibende Art mit gelblichen und blauen Flossen

Glossolepis incisus (Lachsroter Regenbogenfisch)

Nander- und Blaubarsche

(Nandidae und Badidae)

Nanderbarsche, wie sie als Aquarienfische immer wieder in kleineren Einheiten eingeführt werden, kommen aus verschiedenen Erdteilen (Asien, Afrika, Südamerika). Sie sind relativ klein bleibende Räuber, die mit Tarnfarben ausgestattet sind oder durch ein besonderes Verhalten die Möglichkeit wahrnehmen, sich unerkannt an ihr Opfer heranzupirschen.

Von den Asiaten, welche die größten Vertreter stellen, wird gelegentlich *Pristolepis faciata* eingeführt, der im Aquarium seine rund 20 cm Endgröße aber fast nie erreicht. Nandus nandus, ebenfalls in Südostasien beheimatet, wird dagegen nur 10 – 12 cm lang. Der Afrikanische Vielstachler *Polycentropsis abbreviata*, im tropischen Westafrika beheimatet, erreicht dagegen nur eine Länge von 8 cm. Am bekanntesten dürften die beiden Südamerikaner sein, allen voran der Blattfisch, *Monocirrhus polycanthus*, aus Teilen Amazoniens, darunter den Guayana-Ländern. Der Fisch schwimmt wie ein welkes Blatt, hat eine ähnliche Körperform und auch eine von Beige in Braun übergehende Färbung. Tiere beiderlei Geschlechts tragen am vorderen Unterkiefer einen Fleischzipfel, der nach vorn absteht und als Köder dient. Vorwitzige kleine Fische, die danach zu schnappen versuchen, machen sich damit selbst zur Beute. Der Fisch hat – wie auch seine übrigen Verwandten – ein tief gespaltenes Maul und kann zudem die zu einem Beutefangapparat weit vorstülpbaren Kiefer beim Einsaugen des Opfers einsetzen. *Polycentrus schomburgki*, der Südamerikanische Vielstachler, wird, wie sein vorgenannter Verwandter, 8 – 9 cm lang und lauert ebenfalls versteckt nach Beute. Die Fische können alle nur als Besonderheiten, also im Spezialaquarium gepflegt werden und sind schon aufgrund ihrer Ernährungsweise nicht als Bewohner von Gesellschaftsaquarien geeignet. Sie lieben leicht verkrautete und nicht zu hell beleuchtete Becken. Ihre Nachzucht ist schon häufiger gelungen.

Anders als die vorher angeführten Räuber ähneln die Blaubarsche im Habitus den Zwergcichliden. Sie benötigen zum Wohlbefinden ebenfalls Höhlen. Wer sie zur Nachzucht bringen möchte, kann das am ehesten im kleinren Artaquarium schaffen, wo er einem Männchen mehrere Weibchen beigesellt. Von den Blaubarschen, deren Heimat vom nördlichen Indien über Burma bis zur malaiischen Halbinsel reicht, wurden die Unterarten *Badis badis* aus Indien, *B.b.burmanicus* aus Burma und *B.b. siamensis* aus dem Südwesten Thailands sowie *Badis burmanicus* aus Myanmar, dem früheren Burma/Birma beschrieben, eingeführt und zur Nachzucht gebracht. Mit *Badis bengalensis* (nur 2,2 cm groß! Vgl. Foto auf Seite 3) kam Ende der 1990er-Jahre eine erste von mehreren Neuentdeckungen auf den aquaristischen Markt. Auf weiterte Erstbeschreibungen dürfen wir gespannt sein. Die 6 – 8 cm langen Fischchen kann man nur mit fleischlicher Nahrung am Leben erhalten (Mückenlarven, auch tiefgefroren). Die Annahme von Trockenfutter wird verweigert. Blaubarsche lieben reichlich bepflanzte Becken mit den eingangs erwähnten Höhlen, dazu nur eine mäßige Lichteinstrahlung. In Becken der vorgenannten Größe reicht das Territorium gerade für ein Männchen. Wird ein zweites eingesetzt, muss sich das schwächere Tier mit dem Kümmerdasein in einer abgelegenen Ecke begnügen, was auf Dauer zu seinem Tod führt.

Badis badis burmanicus (Burmesischer Blaubarsch)

Buntbarsche

(Cichlidae)

Raubfische mit Stacheln in den Flossen, meist hochrückig, farbenfreudig und intelligent. Viele Arten sind bissig und wühlen stark. Nur die Zwergcichliden *(Apistogramma-* und *Nannacara-Arten)* sowie Skalare und Diskusbuntbarsche sind verträglicher und können mit kleineren Salmlern zusammen gehalten werden. Ihre Eigenschaften hängen mit ihrer interessanten Brutpflege und Revierverteidigung zusammen, die nur dann abschreckend wirken, wenn die Einrichtung des Beckens ihren Trieben nicht entspricht. In solchen Fällen übernehmen die Fische selbst die „Einrichtung", indem sie das Becken für ihre Zwecke umbauen. Meistens wird das wiederum dem Pfleger nicht gefallen, denn nach solchem Umbau schwimmen meist die Pflanzen an der Wasseroberfläche und die vom Aquarianer liebevoll errichteten Steinburgen sind verwüstet.

Ein Cichlidenbecken muss mindestens 1 m Länge, Savannencharakter und völlig ausgewaschenen Kiesgrund haben. Aufbau wie oben angegeben. Allenfalls kann durch eine Terrasse mit Schieferplatten das Becken in mehrere Reviere geteilt werden. Auch einige Höhlen, deren Steine man mit einem Zweikomponenten-Kunststoffkleber vor dem Einsetzen fixieren sollte, dürfen nicht fehlen. Der Streifenbuntbarsch, der Zwergbuntbarsch und der Vielfarbige Maulbrüter benötigen gut bepflanzte Becken mit vielen Verstecken, Wurzeln und Steingrotten. Skalare und Diskusfische brauchen möglichst ein höheres Becken mit durch Schwimmpflanzen gedämpftem Licht, aufstrebender Bepflanzung, leicht torfgefiltertem und weichem Wasser, möglichst einer Rückwand und guter Durchlüftung. Alle Arten sind schreckhaft. Bei größeren Tieren ist 14-tägig eine Wasserauffrischung angeraten; besonders die etwas empfindlicheren Diskusarten reagieren gut auf einen vorsichtigen Wasserwechsel. *Apistogramma*-Arten sind gegen Wasserwechsel empfindlich (gut durchlüften). Als zeitweiliger Brackwasserfisch liebt der indische Buntbarsch einen Wechsel mit Salzzusatz. Alle Tiere nehmen überwiegend Lebendfutter, daneben auch tiefgefrorene Mückenlarven. Sind sie größer geworden, auch Schabefleisch; einige Arten auch pflanzliche Zukost wie Kopfsalat (gut abwaschen), Stücke tiefgefrorenen Spinats oder Haferflocken.

Seit Jahren hat sich eine neue aquaristische „Entdeckung", die Buntbarsche aus den großen Zentralafrikanischen Seen, einen festen Platz erobert. Gewiss ist ihre Pflege nicht leicht. Hat man aber erst einmal eine Besatzung beisammen, wird man sich nicht gern wieder von ihr trennen. Manche Arten stehen in ihrer Farbenpracht den sog. Korallenfischen nicht viel nach. Da diese Fische und ihre Herkunft manchen Pflegern wenig bekannt sind, sollte an dieser Stelle etwas ausführlicher darüber gesprochen werden. Die beiden großen, langgestreckten Seen (Tanganjika- und Malawisee) im östlichen Zentralafrika beherbergen einen erstaunlichen Reichtum an Fischen, von denen in großer Teil auch für die Aquaristik geeignet ist. Die Arten kommen nur dort vor. In Tausenden von Jahren der Isolierung haben viele Arten die seltsamsten Verhaltensweisen entwickelt.

An der Spitze dieser neuen endemischen Arten stehen die Cichliden. Wir kennen über 150 aus dem Tanganjika- und über 200 aus dem Malawisee. Wenn wir in Fernsehberichten von der Entwickllung erstaunlicher Fähigkeiten bei verschiedenen Vögeln (Finken) auf den Galapagosinseln erfahren haben – nicht minder erstaunlich sind auch jene Eigenarten, die sich die Fische dieses Sees in Malawi aneignen mussten, um zu überleben. Wir kennen Schaber, z. B. die *Labeotropheus*-Arten, und Raspler, etwa die Art Pseudotropheus tropheops. Bei allen ist es das Maul, das sich zusammen mit Lippen und Zähnen der unterschiedlichen Art der Futterbeschaffung anpassen musste.

Die Cichliden aus den afrikanischen Seen haben zum Teil keinen guten Ruf. Sie wurden als bissige Räuber, Pflanzenfresser und Wühler oft negativ beschrieben. Das konnte passieren, weil die Pfleger der Tiere das Becken nach alter Sitte eingerichtet hatten und die Bioptopansprüche der Fische nicht berücksichtigten. Bei Tieren, die von Natur mit so verschiedenen besonderen Merkmalen ausgestattet sind, muss eine derartige Pauschalbehandlung misslingen. Die Tiere sind untereinander nahe verwandt. Es genügt also, ihnen ein ihren Lebensgewohnheiten angepasstes Becken einzurichten, in das man dann praktisch jede Art dieser Gattung einsetzen kann. Wenn die Becken groß genug sind, lassen sich sogar verschiedene Arten gleichzeitig darin pflegen. Am bekanntesten sind die Maulbrüter, die zu mehreren Tieren besser gepflegt werden können als paarweise. Zwar passieren immer wieder einmal Beißereien, denn gelegentliche Kämpfe gehören bei diesen „Rittern" zur Tagesordnung.

Nicht mit ihnen vergesellschaften sollte man solche Fische, die aus einem anderen Biotop stammen ... also nicht das übliche aquaristische Sammelsurium, das sich – warum nur? – nach einer gewissen Zeit in den meisten Aquarien einstellt.

Auf hartes Leitungswasser reagieren die Buntbarsche aus dem Malawisee nicht zimperlich; sie sind 4 – 5 ° hartes Wasser gewöhnt. Eine Härte von 10 – 15 °dH macht ihnen nichts aus, sie vermehren sich sogar darin. Unbedingt (!) ist aber bei ihnen der pH-Wert über der Neutralzone zu halten, und zwar um 7,5. Die benötigte Temperatur dagegen ähnelt jener der meisten tropischen Fische: 22 – 25 °C.

Cichliden der afrikanischen Seen brauchen, wie ihre Verwandten aus anderen Erdteilen, kristallklares Wasser, also eine starke Filterung. Da sie viel fressen, ist ihre Verdauung entsprechend. Sie sind sauerstoffbedürftig, andererseits gründeln sie gern einmal. Ihr Becken muss immer sauber gehalten werden. Der Mulm ist laufend zu entfernen. Die Schaber und Raspler benötigen, wie ihre Fressgewohnheiten ja schon erkennen lassen, eine zusätzliche pflanzliche Kost (Kopfsalat, überbrühte Spinatblätter, Algen und Haferflocken). Weil die Steine, die sie im Aquarium abweiden, nicht das tierische Leben (Krebschen usw.) enthalten, benötigen sie natürlich auch Fleischfutter; man kann ihnen die gesamte Palette des bekannten Lebendfutters anbieten, fast alles wird gierig genommen. Je stärker es zuckt, umso schneller stürzen sich die Fische darauf. Selbst Mehlwürmer, die einen harten Chitinpanzer haben, werden „geknackt" – vielleicht besonders deshalb, weil die Würmer sofort ertrinken und dabei ihren Körper hin und her biegen.

Tropheus moorii (Moorii, Kirschfleck-Variante)

In ihrer afrikanischen Heimat leben die Tiere in vielen Verstecken der felsigen Uferwände. Selbstverständlich muss im Aquarium für Buntbarsche diese Gewohnheit der Tiere berücksichtigt werden. Man kann beim Höhlenbau so verfahren wie im Kapitel „Bodengrund und Dekorationsaufbau" beschrieben. Die Höhlen sollten möglichst nicht zu nahe beieinander liegen, weil die Tiere bei der Verteidigung ihres Reviers ihren Nachbarn sonst vielleicht als Gegner ansehen.

Als teilweise Pflanzenfresser können sich die Tiere natürlich an Wasserpflanzen vergreifen und entwickeln von Fall zu Fall ihren eigenen Geschmack, sodass besondere Tipps zur Einrichtung mit bestimmten Pflanzenarten nicht gegeben werden können. Frisch eingesetzte Pflanzen sollten auf alle Fälle Gelegenheit haben, in Ruhe anzuwachsen.

Als maulbrütende Arten sind afrikanische Cichliden aus dem Malawisee für den Pfleger natürlich sehr interessant. Die Brutpflege obliegt in erster Linie dem Weibchen. Bei den meisten Arten lassen sich die Geschlechter gut unterscheiden, die Paarbildung ist deshalb nicht schwierig. Manche Männchen verhalten sich allerdings ihrer Auserwählten gegenüber ungeduldig und wenig galant. Bei ihrem Treiben werden die weiblichen Tiere arg strapaziert. Nach Eiablage nimmt das Weibchen die Eier in den Kehlsack. Ungefähr 3 Wochen später werden die Kinder aus dem Maul der Mutter entlassen. Die Jungen nehmen jetzt das erste Futter, das schon nicht mehr das allerkleinste zu sein braucht. Artemia, Cyclops und zerhackte Tubifex werden genommen. Die Jungtiere suchen sich bald ein eigenes Versteck, das sie anderen Brüdern und Schwestern gegenüber schon verteidigen.

Auch maulbrütende Arten aus dem Tanganjikasee (wie etwa der *Tropheus moorii)* lassen sich in Aquarien halten. Sie sind allerdings oft im Handel entsprechend teurer.

Andere Buntbarsche desselben Biotops, klein bleibende Arten wie etwa *Julidochromis dickfeldi* und *J. ornatus*, sind Versteckbrüter. Sie laichen meist an der Decke ihrer Behausung ab. Nach 3 Tagen schlüpfen schon die Jungen aus, hängen aber noch 6–8 Tage an der Höhlendecke, bevor sie freischwimmen. Ihr Verhalten ist dem der anderen erwähnten Arten ähnlich. Sie sind als Revierfische meist Einzelgänger.

Für die Zucht verschiedener Buntbarscharten aus anderen Erdteilen, deren Haltungsvorschläge schon gemacht wurden, ist noch folgendes zu erwähnen:

Bei der Paarbildung sind die Fische sehr wählerisch. Dafür bleiben die meisten aber auch über die Laichzeit hinaus noch beisammen. Am besten ist, wenn sich die Paare aus einem Jungfischschwarm selbst finden. Jedes Männchen wählt sich seinen bestimmten Standort, von dem es sich nicht vertreiben lässt, und den es unbedingt verteidigt. Die Laichzeit kündet sich durch erhöhte Farbigkeit und robusteres Verhalten an. Meistens ist kein besonderes Zuchtbecken notwendig, oft sind die Paare aber durch eine senkrechte Glasscheibe voneinander zu trennen, die versuchsweise in den frühen Morgenstunden so lange entfernt werden kann, bis sich die Tiere nicht mehr gegenseitig bekämpfen, sondern beginnen, gemeinsam Gruben auszufächeln oder Steine und große Blätter abzuputzen. Die Fische kleben ihr Gelege in Höhlen, Gruben, an Steinen oder Pflanzen an und verteidigen es intensiv. Es ist abzudunkeln. Jede Störung ist zu vermeiden, sonst fressen die Tiere ihre eigenen Eier auf. Schlüpfzeit 2 bis 3 Tage. Die Brutpflege währt 6–8 Wochen. Sollte ein Elternteil in der Brutpflege passiv sein, so ist er zu entfernen. Erstfutter sind zerdrückte *Enchyträen*, Regenwürmer und Mückenlarven, Mikro, Nauplien, notfalls Eigelb.

Der Diskus laicht an Kokosnussschalen, Blumentöpfen oder Schwertblättern. Männchen entfernen, sobald es zänkisch wird. Schlüpfzeit 50 Stunden. Jungfische nähren sich von einem Hautsekret der Eltern, später von Kleinfutter.

Maulbrüter nehmen – wie erwähnt – ihre Eier vor der Befruchtung in das sackartig erweiterte Maul auf. Da sie meist während dieser Zeit nichts fressen, ist der andere Elternteil zu entfernen. Den Jungtieren dient das Maul des brütenden Elterntieres vorerst als Zufluchtsort. Der Brutpflege treibende Teil ist, nachdem die Jungen selbstständig sind, gut zu füttern.

Cichlidenarten mittlerer Größe aus Afrika

Name	Endgröße in cm	Heimat	Temperaturanspruch in °C	Besonderheiten S = Substratbrüter M = Maulbrüter
Aulonocara maylandi Schwefelkopf Maulbrüter	10–12	Malawisee	24–26	gleichartige Nebenbuhler werden nicht geduldet; M
Aulonocara nyassae Kaiserbuntbarsch	18	Malawisee	24–26	bleibt im Aquarium kleiner; M
Cyphotilapia frontosa Tanganjika-Beulenkopf	20–30	Tanganjikasee	24–26	unverwechselbare Art, wenn voll erwachsen; M
Cyprichromis leptosoma Blauer Heringscichlide	14	Tanganjikasee	24–26	nur in Gruppen halten; liebt viel freien Schwimmraum; M
Cyrtocara moorii Blauer Delphinbuntbarsch	20	Malawisee	24–26	als Cyrtocara beschrieben. Dieser Gattungsname wird bleiben! M
Hemichromis lifalili Roter Cichlide	10	mittlerer Kongo-Fluss an Grenze nach Ubangi	24–28	schönster aus der Gruppe der Roten Cichliden; S
Julidochromis dickfeldi Dickfelds Schlankcichlide	8–9	Tanganjikasee (Süd)	24–26	schöne Art mit bläulichen Flossensäumen; S
Julidochromis regani Regans Schlankcichlide	15	Tanganjikasee	24–26	größte Art der Gattung; S
Maylandia hajomaylandi Goldkopfmaulbrüter	10–12	Malawisee	24–26	♀♀ graubeige mit Vertikalstreifen; M

Cyphotilapia frontosa (Tanganjika-Beulenkopf)

Cyprichromis leptosoma (Balueer Heringscichlide)

Name	Endgröße in cm	Heimat	Temperaturanspruch in °C	Besonderheiten S = Substratbrüter M = Maulbrüter
Maylandia lombardoi Lombardos Maulbrüter	10 – 12	Malawisee	24 – 26	♂♂ goldgelb (adulat), ♀♀ hellblau mit dunklen Querbinden; M
Maylandia zebra Zebrabuntbarsch	10 – 12	Malawisee	24 – 26	verschiedene Farbformen; M
Melanochromis auratus Türkisgoldbuntbarsch	9	Malawisee	24 – 26	♂♂ schwarzgundig; S; ♀♀ goldgrundig; M
Neolamprologus brichardi Feenbuntbarsch	10	Tanganjika-see	24 – 26	anspruchslose, schöne Art mit lang ausgezogenen Flossenenden; S
Neolamprologus longior Gestreckter Goldcichlide	8 – 10	Tanganjika-see	24 – 26	goldgelbe Färbung über gesamtem Körper; S
Neolamprologus tretocephalus Fünfstreifen-Tanganjika-buntbarsch	14	Tanganjika-see	24 – 26	einen Streifen mehr hat *N. sexfasciatus;* S
Nimbochromis venustus Pfauenmaulbrüter	24 – 26	Malawisee	24 – 26	frisst liebend gern größere Schnecken; M
Pelvicachromis pulcher Purpur-Prachtbuntbarsch	10	Kamerun, Nigeria	24 – 26	Höhlenbrüter; S
Steatocranus casuarius Buckelkopfcichlide	10 – 11	Stromschnellen im unteren Kongo	24 – 26	♂♂ mit hohem Stirnhöcker; S

Neolamprologus brichardi (Feenbuntbarsch, var. „Daffodil")

Neolamprologus longior (Gestreckter Goldcichlide)

Name	Endgröße in cm	Heimat	Temperaturanspruch in °C	Besonderheiten S = Substratbrüter M = Maulbrüter
Tropheus moorii Moorii	10–12	Tanganjikasee	24–26	in vielen Standortvarianten; M

Cichlidenarten mittlerer Größe aus Amerika

Acarichthys heckelii Heckelbuntbarsch	16	in Teilen Nord- und Westamazoniens	24–28	Höhlenbrüter; S
Cichlasoma carpinte Perlcichlide	30	System Río Pánuco/Mexiko	24–26	meist als *C. cyanoguttatum* geführt; S
Cichlasoma labiatum Variabler Buntbarsch	20–24	Managua- und Nicaraguasee	24–26	im Alter goldgelb bis gelborange, gelegentlich mit aufgeworfenen Lippen; S
Cichlasoma meeki Feuermaulbuntbarsch	15	S-Mexiko Guatemala, Belize	24–26	mit etwa 8 cm geschlechtsreif; S
Cichlasoma nicaraguense Nicaraguabuntbarsch	20–25	nicaraguanisches Grabengebiet	24–26	♂♂ bleiben etwa 30 % kleiner, diese sehr farbig; S

Pelviachromis pulcher (Purpur-Prachtbuntbarsch)

Cichlasoma carpinte (Perlcichlide)

Name	Endgröße in cm	Heimat	Temperaturanspruch in °C	Besonderheiten S = Substratbrüter M = Maulbrüter
Cichlasoma sajica Kleiner Cotobuntbarsch	10–12 (♂) ♀♀ kleiner	pazifische Seite von Costa Rica	24–26	relativ kleine friedliche Art mit einfacher Vermehrung; S
Cichlasoma synspilum Feuerkopfbuntbarsch	30	S-Mexiko und Guatemala (Río Usumacinta)	24–26	♂♂ im Alter mit wuchtigem Stirnhöcker; S
„Geophagus" steindachneri Rothaubenerdfresser	24	Kolumbien (Río Magdalena)	24–28	Synonym: *G. hondae;* sehr leicht zur Zucht zu bringen; M
Pterophyllum scalare Skalar oder Segelflosser	15	Amazonien	24–28	leicht zu pflegen; viele Zuchtformen; frisst gern Jungfische von Lebendgebärenden; S
Satanoperca jurupari Teufelsangel	24–28	Guayanaländer Südamerika	24–28	brauchen großes ruhiges Becken; M
Symphysodon aequifasciatus Diskusbuntbarsch	18	Amazonas etwa bis peruanische Grenze	24–28	Viele farbunterschiedliche Zuchtvarianten; S
Symphysodon discus Echter oder Heckeldiskus	18	Systeme des Rio Negro und des Rio Madeira	24–28	Keine Zuchtformen; mit kräftiger mittlerer Querbinde; S

Cichlasoma synspilum (Feuerkopfbuntbarsch)

Symphysodon aequifasciatus (Diskusbuntbarsch, Zuchtform)

Zwergcichliden aus Afrika und Amerika

Name	Endgröße in cm	Heimat	Temperaturanspruch in °C	Besonderheiten S = Substratbrüter M = Maulbrüter
Laetacara curviceps Tüpfelbuntbarsch	8	Amazonien	24–28	kleinste Art der Gattung; friedlich und „gesellschaftsfähig"; S
Apistogramma agassizii Buntschwanz-Zwergbuntbarsch	8 (♂), 6 (♀)	Amazonien	24–28	braucht Verstecke; gut zuvergesellschaften, pro ♂ mehrere ♀♀; sehr weiches Wasser, häufiger Teilwasserwechsel; S
Apistogramma borellii Borellis Zwergbuntbarsch	7	System des Paraná	22–26	wie vor; S; Synonym: *A. reitzigi*
Apistogramma macmasteri Schönflossiger Zwergbuntbarsch	8	nördliches Amazonien	24–28	wie vor; S; Synonym: *A. ornatipinnis*
Dicrossus filamentosus Gabelschwanz-Schachbrettcichlide	10	Zentralamazonien	24–28	braucht möglichst weiches und leicht saures Wasser; S
Eretmodus cyanostictus Tanganjika-Clown	8	Tanganjikasee	24–26	bei höherem pH-Wert pflegen; friedlich, geht nicht an Pflanzen; liebt Höhlen; M

Apistogramma macmasteri (Schönflossiger Zwergbuntbarsch)

Eretmodus cyanostictus (Tanganjika-Clown)

Name	Endgröße in cm	Heimat	Temperaturanspruch in °C	Besonderheiten S = Substratbrüter M = Maulbrüter
Julidochromis transcriptus Zwerg-Schlankcichlide	7	Tanganjika-see	24–26	lebt zwischen Felsspalten; S
Lamrpologus ocellatus Augenfleck-Schnecken-buntbarsch	5,5	Tanganjika-see	24–26	wie vor, Männchen im Alter sehr gedrungen; S
Microgeophagus ramirezi Schmetterlingsbuntbarsch	6	Ostkolumbien bis zum Orinoco-Delta (Venezuela)	24–28	nicht mit robusten, größeren Cichliden vergesellschaften, sonst kurzlebig; S
Nannacara anomala Glänzender Zwergbunt-barsch	9	Venezuela und Guayanaländer	24–28	♀♀ kleiner; Zucht nicht schwer S Weibchen während Zucht sehr aggressiv; ♂ entfernen!
Nanochromis nudiceps Blauer Kongocichlide ähnlich: *Nanochromis splendens*	8 (♂) 6 (♀)	unterer Kongo	24–26	braucht viele Höhlen und liebt verstecktes Leben; zuweilen aggressiv; S
Neolamprologus brevis Brauner Schnecken-buntbarsch	5	Tanganjika-see	24–26	lebt in kleinen Schneckenhäusern; S
Taeniacara candidi Torpedo-Zwergbuntbarsch	5,5	zentrales Amazonien	24–28	liebt Verstecke und sehr weiches, leicht saures Wasser im Artbecken; empfindlich, rar; S

Nanochromis cf. splendens (Schöner Kongocichlide)

Neolamprologus brevis (Brauner Schneckenbuntbarsch)

Grundeln

(Gobiidae)

Diese Familie umfasst sehr viele, auf dem ganzen Erdball verbreitete Arten, zu denen vor allem die Goldringelgrundel *(Brachygobius xanthozona)* gehört, ein etwa 5 cm groß werdendes Fischchen mit schwarzen und gelben Binden um den Körper. Sie kann bei 23–28 °C mit nicht allzu lebhaften Friedfischen zusammen gehalten werden und benötigt sonst ein gutbepflanztes und flaches Becken mit Steinverstecken und Salzzusatz (1 Teelöffel/10 l).

Allesfresser, besonders kleines Lebendfutter. Laicht in Höhlen, unter Steinen oder Wurzeln. Wasserstand 10 cm mit leicht ansteigendem Bodengrund. Das Gelege wird vom Männchen betreut. Schlüpfzeit 6 bis 7 Tage, dann Kleinstfutter.

Unter den häufig angebotenen Grundeln gibt es auch viele Arten, die 10, 20 oder gar 30 cm lang werden können. Sie ernähren sich zum Teil auch (oder überwiegend) von Fischen. Man soll daher darauf achten, dass man solche Arten in ein passendes Becken (nur mit größeren Fischen) setzt, und sich informieren, welche Endgröße sie erreichen, damit man keinen „Räuber im Schafspelz" einquartiert.

Labyrinth- und Kletterfische

(Anabantoidei)

Labyrinth- und Kletterfische sind in vier Familien aufgeteilt, wie man aus der folgenden Tabelle entnehmen kann. Die Fische sind mit einem zusätzlichen Atmungsorgan, dem Labyrinth, ausgestattet, das es ihnen ermöglicht, sich auch in sauerstoffarmen Gewässern, wie flachen Reisfeldern oder in sumpfigem Gelände aufzuhalten. Die Heimat der Labyrinther liegt in Asien und Afrika. Weibliche Tiere sind durchschnittlich kleiner.

Möglichst langes, geräumiges, sonniges und veralgtes Becken gut abdecken, da gute Springer. Wasserstand 25–30 cm. Mit Ausnahme der Makropoden wärmeliebend, Haltetemperatur um 24 °C. Klares Altwasser mit meist verkrautetem Pflanzenwuchs, Erlenwurzeln, Röhricht und etwas Mulm, dunkler Bodengrund. Wasserauffrischung mit Altwasser ist notwendig, bevor das Wasser übel zu riechen beginnt.

Keine Art ist ausgesprochen friedlich; selbst Paare passen oft nicht zusammen; Unruhestifter sind abzusondern. Allesfresser, vorwiegend Lebendfutter kleinerer Art und pflanzliche Zukost. Sie können mit gleich großen Barben zusammen in einem Südasienbecken gehalten werden.

Sehr schön wirken z.B. 2 Paar Zwerggurami, 2 Paar Zwergfadenfische, 2 Paar knurrende Gurami, 3 Paar Keilfleckenbarben, 2 Paar Eilandbarben und 2 Paar Ceylonbarben in einem 100-Liter-Becken.

Meist brutpflegend. Männchen baut Schaumnest an Schwimmpflanzen, oft mit Pflanzenbestandteilen. Veralgtes, mindestens 25 x 40 cm großes Zuchtbecken von 25 bis 30 °C Wasserwärme mit dichtem Pflanzenbestand, Schwimmpflanzen und niedrigem Wasserstand (10–15 cm). Nach dem Ablaichen Weibchen entfernen. Schlüpfzeit 1–2 Tage. Männchen wird entfernt, wenn es sich nicht mehr um die Brut kümmert. Erstfutter Infusorien, Kleinst- und Staubfutter, zerdrückte Enchyträen und Eipulver.

Betta splendens (Zucht-Farbform, junges ♂)

Labyrinthfische aus Asien und Afrika
Die Zugehörigkeit zu einer der 4 Familien wird in der letzten Spalte angegeben.

Name	Endgröße in cm	Heimat	Temperaturanspruch in °C	Familie; Besonderheiten; Zucht
Betta pugnax Maulbrütender Kampffisch	10	Malaiische Halbinsel und Sumatra	22–26	Belontiidae; brütet; benötigt leichte Strömung im Becken
Betta splendens Siamesischer Kampffisch	7	Kambodscha, Thailand und Malaiische Halbinsel	24–30	Belontiidae; meist Zuchtformen im Handel; Wildform ohne Schleier) bleibt kleiner; Schaumnestbauer
Colisa sota Honigfadenfisch	4,5	nordindisches Tiefland; Systeme von Ganges und Brahmaputra	24–28	Belontiidae; und prächtige Männchenfärbung; auch für kleinere Aquarien; Schaumnestbauer
Colisa labiosa Dicklippiger Fadenfisch	9	Myanmar (früher Burma)	24–28	Belontiidae; friedlich, liebt Algen; Schaumnestbauer
Colisa lalia Zwergfadenfisch	5–6	Tiefland von N-Indien	26–30	Belontiidae; lebhaft, etwas scheu; verschiedene Zuchtvarianten; Schaumnestbauer
Ctenopoma ocellatum Augenfleckbuschfisch	über 12	System des unteren Kongo	24–28	Anabantidae; nicht zu verwechseln mit *C. acutirostre;* pflegt Brut nicht! Gibt Eier an Wasseroberfläche, wo sie treiben
Helostoma temminckii Küssender Gurami	20–30 Wasser	Südostasien in ruhigem	24–28	Helostomatidae; einzige Art der Familie; zwei Farbvarianten; benötigen große Aquarien; keine Brutpflege
Macropodus opercularis Paradiesfisch	8–9	Ostasien	20–25	Belontiidae; zuweilen rauflustig; nicht zu kleine Becken mit reichlicher Bepflanzung, Schaumnestbauer

Name	Endgröße in cm	Heimat	Temperaturanspruch in °C	Familie; Besonderheiten; Zucht
Microctenopoma ansorgii Orange-Buschfisch	8	Kamerun bis Kongo-Mündung/ Westafrika	24–28	Anabantidae; schönste Art der Gattung, liebt reichlich bepflanzte Becken; Schaumnestbauer
Trichogaster leeri Mosaikfadenfisch	12	Malaiische Halbinsel, Borneo und Sumatra	24–30	Belontiidae; ♂♂ mit lang ausgezogenen Flossen, an denen gern Barben knabbern; sonst gut zu vergesellschaften; Schaumnestbauer
Trichogaster trichopterus Punktierter Fadenfisch	15	Südostasien	24–28	Belontiidae; verschiedene Zuchtformen; gut zu vergesellschaften; pflanzenreiche Becken; Schaumnestbauer
Trichopsis pumilus Knurrender Zwerggurami	3–4	Teile von Südostasien (Thailand)	26–30	Belontiidae; schöne Art, die sich besonders für kleinere reich bepflanzte Becken eignet; Schaumnestbauer

Colisa sota (Honigfadenfisch)

Macropodus opercularis (Paradiesfisch)

Schnecken

Eine besondere, aber nicht unwichtige Stelle nehmen die Schnecken im Aquarium ein, weil sie u.U. auch als „Gesundheitspolizei" anzusehen sind – wie die Welse. Mit ihren kunstvollen Zungen befreien sie Pflanzen und Scheiben von Algen, fallen über jeden verendenden Fisch her und vertilgen alle Futterreste und faulenden Stoffe.

Für das Kaltwasserbecken eignen sich neben der Roten Posthornschnecke *(Planorbis corneus)*, die auch in warmem Wasser zu Hause ist, besonders die bis zu 10–11 mm große Deckelschnecke *(Bulimus tentaculus)* sowie die bis zu 35 mm große, lebendgebärende Sumpfdeckelschnecke (*Viviparus viviparus)*. Alle Tiere sollten, bevor sie in ein Aquarium gegeben werden, eine ausreichende Zeit (6 Wochen) im gesonderten Becken beobachtet werden, weil sie oft Krankheitskeime in sich haben, die sich auf die Fische übertragen können.

Die Warmwasseraquaristik kennt in erster Linie wiederum die Rote Posthornschnecke. Man braucht sie in den meisten Fällen nicht erst ins Becken zu setzen: Eines Tages sind sie von allein da. Trotz Baden der Pflanzen in Alaunlösung und vielen anderen Vorsichtsmaßnahmen finden diese Tierchen einen Weg, sich in unseren Becken breit zu machen. Solange die Menge der Tiere sich in Grenzen hält, ist es nicht schlimm. Wenn jedoch durch besondere Umstände eine Massenvermehrung stattfindet, wird die Sache schwierig. Meist hilft für die erste Zeit ein Absuchen oder ein Zerdrücken der Tiere an der Scheibe. Die Fische besorgen dann den Rest.

Die Indische Turmdeckelschnecke *(Melanoides tuberculata)* ist ein ausgesprochenes Nachttier, was wohl auch ihre geringe Popularität erklärt. Tagsüber pflügt sie den Bodengrund durch, wobei sie natürlich den Pflanzen nützt. Die Tiere sind lebendgebärend. Sie können nicht in zu weichem Wasser leben, da sie Kalk zum Bau ihres Hauses benötigen. Das gilt pauschal auch für alle übrigen Arten. Die Temperatur für diese bis zu 25 mm lang werdenden Tiere sollte nicht unter 20 °C absinken.

Die Apfelschnecken der verschiedenen Asmpullaris-Arten sind als Riesen unter den Aquarienschnecken recht beliebt. Sie benötigen allerdings einen etwas größeren Weideplatz, man sollte sie also nicht in zu kleine Aquarien setzen. Die Tiere fressen am liebsten das Futter der Fische – wenn sie es irgend bekommen können. Bei Verfütterung von Tubifex sitzen sie nach kurzer Zeit unter dem Futtersieb an der Stelle, wo das Lebendfutter zu Boden sinkt. Die Schnecken saugen dann das Futter aus dem Boden. Als Algenfresser sind sie aber auch bei Grünzeug keine Kostverächter, z.B. fressen sie ein Salatblatt in kürzester Zeit vollkommen auf. Wer das beobachten will, kann ein Blatt (vorher gut abwaschen, Pflanzengift) mit einem Stein beschweren; er kann dann genau verfolgen, wie der Mund der Schnecke Stückchen um Stückchen vom Salatblatt abzieht und verspeist.

Die Tiere besitzen als Besonderheit einen Schnorchel, den sie ausfahren können, wenn sie in weniger guten Gewässern auf die Atmung atmosphärischer Luft angewiesen sind. Dieser Rüssel erinnert in seinem Bau an den eines Elefanten en miniature, bei Nichtgebrauch ist er eingezogen und nicht sichtbar. Bei Gefahr kann die Schnecke ihr Haus mit einem Deckel verschließen.

Auch diese Art kann sich im Aquarium vermehren. Sie legt ihre Eier meistens an eine der vom Wasser nicht bedeckten senkrechten Seitenscheibe. Aus den Eipaketen dieser südamerikanischen Gäste schlüpfen dann nach einiger Zeit viele kleine Jungtiere. Die meisten Aquarianer freuen sich in einem solchen Fall über ihre „Schneckennachzucht", und manche Zoohändler kaufen sie ihnen sogar ab.

Die Schlammschnecken haben einen bösen Ruf. Sie sind Pflanzenfresser. Meist werden sie beim Tümpeln ins Becken eingeschleppt. Die Spitzschlammschnecke *(Lymnaea stagnalis)*

Die vier, meist in unseren Aquarien vorkommenden Schneckenarten: 1. die Rote Posthornschnecke, 2. die Indische Turmdeckelschnecke, 3. die südamerikanische Apfelschnecke mit ausgefahrenem „Schnorchel", 4. die pflanzenfressende, meist durch Lebendfutter eingeschleppte Spitzschlammschnecke

ist die bekannteste unter den Schädlingen. Hat sie sich erst einmal im Aquarium sesshaft gemacht, ist sie nur mit einigem Aufwand wieder herauszubekommen.

Viele Schneckenarten vermehren sich schneller als dem Pfleger der Fische und Pflanzen lieb ist. Es sind viele Möglichkeiten mit mehr oder weniger Erfolg erprobt worden, mit solcher Plage fertig zu werden. Radikal, dann aber ohne Ausnahme gegen alle Schnecken, wirken verschiedene chemische Mittel und in der Hauptsache das Einsetzen von Kugelfischen *(Tetraodon steindachneri)* und *(T. fluviatilis)*. Da die Schneckenbekämpfung mit chemischen Mitteln vielfach nicht beliebt ist und vielleicht auch manchen Wunsch offen lässt, entscheiden viele Aquarianer sich für Kugelfische. Sie „wirken" immer, obwohl sie natürlich keinen Unterschied machen zwischen Schnecken, die für uns „gut" oder „böse" sind. Sie töten alle, sogar die Apfelschnecken, die möglicherweise größer als der Fisch sind. Solche großen Tiere müssen natürlich vor dem Einsetzen eines Kugelfisches aus dem Becken umquartiert werden. Wer mit Kugelfischen „arbeiten" will, legt sich am besten ein kleines Becken zusätzlich an, in dem die Kugelfische ihr festes Quartier haben. Je nach Schneckenplage werden die Kugelfische dann für 2–3 Wochen in das große Becken eingesetzt. Sind Apfelschnecken vorhanden, setzt man diese solange einfach in das Kugelfischaquarium um.

Fütterung und Futter

Die Pflanzen entnehmen ihre Nahrung zum größten Teil Wasser und Boden. Wenn sie nicht recht gedeihen wollen, gibt es ausreichend Düngerpräparate (flüssiger Pflanzendünger, den die Pflanzen mit den Hydropoten aufnehmen oder die gasförmige CO_2-Düngung.

Anders ist es mit den Fischen. Sie finden in einem abgeschlossenen Becken keine ausreichende natürliche Nahrung. Somit ist die Fütterung der Fische eine der wichtigsten Aufgaben für den Aquarianer. Die größten Fehler, die zudem immer wiederkehren, sind Überfütterung und Gleichförmigkeit.

Grundsätzlich sollte man den Fischen – zumindest bei totem Futter – immer nur so viel zureichen, wie sie in wenigen Minuten verzehren können. Da auch im freien Leben der Tiere Zeiten der Futterknappheit auftreten können, schadet es nicht, wenn die Tiere einmal mehrere Tage lang nicht gefüttert werden oder in bestimmten Abständen nur alle zwei Tage.

Ein Aquarianer kann auch unbesorgt Urlaub machen und sein mit ausgewachsenen Fischen bestztes Aquarium in der Wohnung lassen. Es ist nicht schlimm, wenn er seine Tiere 2–3 Wochen lang nicht füttert. Voraussetzung ist allerdings, dass die Fische vorher kräftig gefüttert wurden, dass keine Jungfische im Becken schwimmen, dass keine neuen Fische in den letzten Wochen zugesetzt wurden (sie könnten eine Krankheit eingeschleppt haben, die sich gerade in der Abwesenheit des Pflegers auswirkt) und dass der Aquarianer über eine elektrische Schaltuhr verfügt, die den Fischen zu einem geregelten Ablauf zwischen Tag und Nacht verhilft.

In jedem Aquarium bilden sich – meist übersehen – mit der Zeit kleine Algen, die an Pflanzen und Scheiben sitzen. Bei Futterknappheit entdecken viele Fische diese vegetarische Kost, die ja überaus nahrhaft ist und meist die Tiere nicht zu dick werden lässt.

Wer über einen Futterautomaten verfügt, sollte versuchen, ihn auch mit gefriergetrocknetem Futter zu bestücken. Dieses Futter enthält alle Nährstoffe und ist zu dem Besten für die Fische zu zählen. Für Automaten hat es möglicherweise den Nachteil, dass es zu leicht ist, und je nach Konstruktion des Geräts vielleicht nicht aus dem Behälter rutschen könnte. Außerdem hat es Auftrieb im Wasser, sinkt zwar später ab, doch könnte es dann durch die Strömung in den Filtertopf gezogen werden, was ja auch nicht der Sinn der Sache ist (vgl. Seite 18 ff., Kapitel „Filterung").

In jedem Aquarium herrscht innerhalb der Arten oder auch Familien eine Futterrangordnung. Manchmal sieht es nur so aus, als dürften alle zusammen fressen. Plötzlich aber dreht ein meist größerer Fisch ab und saust hinter einem anderen her, der noch nicht ans Futter durfte, also hätte warten müssen, erst muss der „Chef" gefressen haben.

Jungfische im Aquarium sollte man einmal mit der Lupe beobachten, um festzustellen, welches Futter die Tiere gierig fressen und welche sie verschmähen. Auf diese Art kann man sie später gezielter füttern.

Ein weiterer Grundsatz der Ernährung ist, sie abwechslungsreich und der Jahreszeit angemessen zu gestalten. Die Auswahl der Futterarten ist besonders durch das gefriergetrocknete Futter so umfangreich geworden, dass keiner seine Pfleglinge nur mit zwei oder drei Arten zu versorgen braucht. Erkrankungen, die durch Mangelerscheinungen hervorgerufen werden, können auch zum Verlust der Tiere führen. Fressunlust ist meist ein Zeichen für einseitige Ernährung.

Vor allem aber muss den Ansprüchen der Fische gemäß gefüttert werden. So benötigen Raubfische und lebhafte Arten mehr oder andersartige Nahrung als ruhige Tiere. Es ist sinnlos, einem Raubfisch, von dem man weiß, dass er nur zappelndes Lebendfutter nimmt, ein paar Flocken Trockenfutter anzubieten. Auch ein Wasserfloh kann ihn nicht locken; im Gegenteil: Je kleiner die Krebse sind, ein umso größeres Unwohlsein befällt den Raubfisch. Man erkennt das daraus, dass er sich dunkel färbt und in eine Ecke zurückzieht, als wollte er sagen: „Uh, das Gekrabbele ist ja ekelhaft!".

Man teilt das Futter auf nach den verschiedenen Maulgrößen der Fische. Am Maul der Fische kann man schon erkennen, für welche Art Futteraufnahme sie speziell geschaffen sind. Das heißt nicht, dass etwa große Salmler, die ein relativ kleines Maul haben, nicht auch mal einen größeren Brocken zu verschlingen versuchten. Bei Futterversuchen konnte ich feststellen, dass z.B. ausgewachsene, etwa 8 cm lange Kongosalmler von zuckenden Mehlwürmern so angetan waren, dass sich im Becken heftige Kämpfe abspielten. Wer einen Wurm geschnappt hatte, musste dieses Futtertier mit dem recht harten Chitinpanzer nun erst einmal vorwärts und dann rückwärts kauen, um es verspeisen zu können. Nachdem die Fische das schnell kapiert hatten, stand einer vor dem Kopf des anderen, um den Wurm, wenn er rückwärts zum Vorschein kam, dem Gegenüber rasch vom Maul zu beißen.

Der Begriff Lebendfutter umfasst alle Tiere, die auch ein sog. Tümpler finden kann. Einige werden in Zoogeschäften angeboten. Es gibt eine große Auswahl an Lebendfutter, das man seinen Fischen nur vorsetzen muss, wie es die Natur auch tut.

Kräftiges Lebendfutter für Barsche und Buntbarsche, große Salmler u.a. sind Jungfische, Kaulquappen, glatte Raupen, Wasserinsekten und deren Larven, Asseln, Regenwürmer, Mehlwürmer, Schnecken, Obst- und Fliegenmaden, Fliegen und andere Luftinsekten.

Mittleres Lebendfutter besteht aus Mückenlarven, Enchyträen (Erdwürmer), zerhackten oder kleinen Regenwürmern, Wasserflöhen, kleinen Fliegen und Maden, Blattläusen.

Kleines Lebendfutter sind Wasserflöhe, kleine Mückenlarven, Grindalwürmchen, Mikro, Taufliegen, Nauplien (= Larven) des Salinenkrebschens und größeres Futter zerhackt oder zerquetscht.

Kleines Lebendfutter sind Wasserflöhe, kleine Mückenlarven, Grindalwürmchen, Mikro, Taufliegen, Nauplien (= Larven) des Salinenkrebschens und und größeres Futter zerhackt oder zerquetscht.

Wenn einmal kein Lebendfutter aufzutreiben ist, können Schabefleisch sowie gehackte Muscheln oder Schnecken verabreicht werden. Hinzu kommen Trockenfutter, Eidotter und Trockenhefe.

Viele Arten brauchen auch vegetarische Nahrung. Man reicht ihnen solche pflanzliche Zukost mit gut abgewaschenem Salat und weichen Blättern des Laichkrauts, Wasserlinsen, Haferflocken u. a. Auch gemahlene oder aufgeweichte Haferflocken werden gern genommen. Für den Winter kann pflanzliche Nahrung getrocknet und zerrieben verfüttert werden. Falls sich im Becken genug Algen bilden, ist die Zugabe anderer pflanzlicher Kost meist nicht nötig.

Für Fischbrut eignet sich als Erstfutter nur Kleinstfutter wie Infusorien, vor allem Räder- und Pantoffeltierchen, kleine Algen, zerquetschte Futtertiere und Staubfutter.

Die kleinste Art des Lebendfutters, die als Erstfutter für Fischbrut infrage kommt, sind daher die Infusorien, die sich in jedem Becken befinden. Für die erste Zeit ist die aus den Eiern geschlüpfte Fischbrut mit einem Dottersack versehen, der ihr eine Nahrungsreserve mitgibt. Nach 2–3 Tagen, sobald sie frei umherschwimmt, muss ihr jedoch ein kleines, aber reichliches Futter geboten werden, damit sie gleichsam im Futter schwimmen und nur zuzuschnappen braucht. Deshalb muss der Wasserstand im Zuchtbecken niedrig sein. Es empfiehlt sich aber nicht, die Infusorien im Zuchtbecken selbst aufzuziehen, sondern Kulturen in 2-l-Gefäßen anzulegen. Pantoffeltierchen erhält man, indem man über ausgedroschene Roggenähren sowie Kohlrabi- oder Kohlrübenschnitzel Regen- oder Tümpelwasser gießt und die Masse hell aufstellt. Nach 2–3 Tagen entwickeln sich so viele Infusorien, dass zum Licht hin rosafarbene Wolken erscheinen und sie mit einem Löffel tropfenweise in das Zuchtbecken abgegeben werden können. Im Warmwasser sterben sie bald ab, sodass man immer nur kleine Gaben, dafür aber drei- bis viermal, auch des Nachts ein paarmal, verfüttert. Erst nach 3–4 Wochen klingt die Vermehrung der Infusorien ab. Algen sind im Haltegefäß zu belassen.

Ein anderes gutes Infusor ist *Euglena graciles*, ein Rädertierchen, das manchen Tümpeln und Gräben eine grünliche Farbe verleiht. Zur Zucht bringt man solches Wasser in ein Einmachglas und setzt ihm von Zeit zu Zeit eine kleine Messerspitze Fleischextrakt zu. Wenn sich das Zuchtwasser grün gefärbt hat, wird es verfüttert. Es gibt auch käufliche Ansätze für Infusorien. Unter Staubfutter versteht man Trockenfutter, das an einem trockenen Messer haften bleibt, wenn es durch Trockenfutter geführt wird. Mit einer Rasierklinge hergestellter Brei aus Futtertieren wird, um Unsauberkeiten im Zuchtbecken zu verhüten, in ein Gläschen Wasser getan und über einen kleinen Kescher entleert, ehe er verfüttert wird.

Für Jungfische geeignet sind außerdem natürlich die Larven der Salinenkrebse *(Artemia salina)*. Seit das Aufzuchtfutter „Mikrozell" (Hobby) entwickelt wurde, ist es auch möglich, aus den Larven größere Krebse heranzuziehen. Wie die nebenstehende Tafel zeigt, lassen sich nach diesem neuen Hobby-System die Eier ausbrüten und die Krebse ganz nach Wunsch und Größe heraussieben.

Artemia salina lebt in der Natur in Wasser, das eine Vielzahl von Salzen, Mineralien un Spurenelementen in spezifischer Zusammensetzung enthält. Die Krebse ernähren sich vorwiegend aus Phytoplankton. Diese Zusammensetzung ist für die Aufzucht von *Artemia salina* eine unbedingte Voraussetzung. In dem Mikrozell-Aufzuchtfutter ist das für die Ernährung der Larven so wichtige Phytoplankton schon enthalten. Für die bekannte Methode der Aufzucht kann normales Kochsalz (Salinensalz) verwendet werden. Dazu nimmt man einen gestrichenen Teelöffel Salz auf $^1/_2$ Liter Wasser. Sind die Larven geschlüpft, muss das Wasser, in dem sie heranwachsen sollen, die dreifache Konzentration des Anzuchtwassers bekommen. Die Larven müssen sofort nach dem Schlüpfen umgesetzt und gefüttert werden. Es empfiehlt sich, nur kleine Behälter zu verwenden, bei denen der Wasserstand höchstens 8 – 10 mm hoch ist. So können die Krebschen das Futter aufnehmen, ohne viel umherschwimmen zu müssen.

Artemien sind so genannte Filtrierer, d.h., sie filtrieren im Wasser schwebende Nahrung aus. Bei der Anzucht in Kleinstbehältern (50 – 100 cm^3) wird ungefähr eine Messerspitze voll Mikrozell ins Wasser gegeben und umgerührt, bis eine leichte Trübung entsteht. Ist das Wasser wieder einigermaßen klar gefiltert, muss nachgefüttert werden. Auch hier gilt wie bei unseren Fischen der Grundsatz: Öfter in kleinen Mengen füttern ist besser als einmal viel zu geben.

Die Zuchttemperatur kann um die normale Zimmertemperatur liegen, die in extremen Fällen minimal 15 °C und maximal 30 °C haben kann, ohne den Tieren zu schaden.

Wann die einzelnen Fütterungszeiten angesetzt werden, hängt von den beruflichen und sonstigen Verhältnissen des Pflegers ab. In jedem Fall ist es aber zweckmäßig, stets zu der gleichen Zeit und an derselben Stelle im

Artemia salina (Salinenkrebs) kann man nach bewährter Methode mithilfe eines preiswerten Zuchtgerätes und normaler Wasserflaschen aus den Eiern heranziehen. Alles ist im Fachhandel erhältlich. In dem mit Kochsalz präpariertem Wasser schlüpfen bald die Larven (auch Nauplien genannt), die sich als ausgezeichnetes Jungfischfutter bewährt haben. Überschüssige Luft kann ins Aquariumwasser geblasen werden

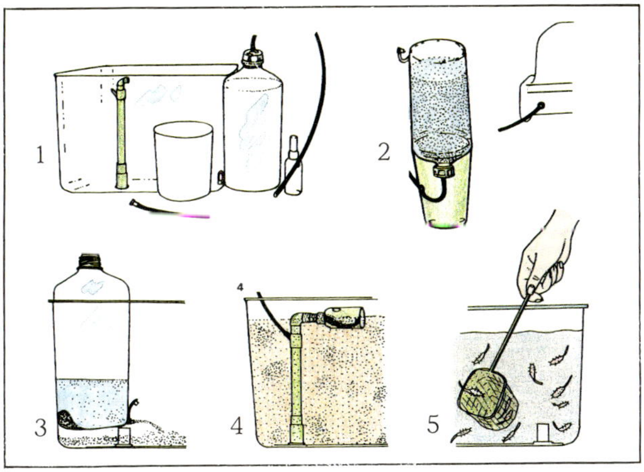

Aufzuchtverfahren mit dem Hobby-Artemium (Dohse), 1. Geräte, 2. Aufzucht der Larven aus den Eiern, 3. das Ausspülen der Larven in das Aufzuchtbecken, 4. Einspülen des Spezialfutters Mikrozell, 5. Entnahme ausgewachsener Krebse zur Verfütterung

Becken zu füttern. Meist genügt eine morgendliche oder abendliche Fütterung der angegebenen Art. Jungfische aber müssen mehrmals am Tag kleine Futtermengen erhalten. Auch Zuchtfische sind vor und nach dem Ablaichen reichlicher zu füttern. Alle Futterarten sind in Zoohandlungen zu erhalten oder im Abonnement von größeren Anstalten zu beziehen. Auch kann man sich manche Zierfischnahrung selbst beschaffen oder züchten. Wer etwa mit einer elektrischen Taschenlampe nachts auf Fischfutterfang ausgeht, achte aber darauf, dass er keine schädlichen Parasiten oder gefräßige Räuber mitfängt. Sofern man keine größeren Raubfische besitzt, die mit solchen Schädlingen leicht fertig werden, muss man alle räuberischen Wassertiere (Wasserwanzen, Läuse, Käfer, Libellenlarven, Fischegel, Süßwasserpolypen u. a.) herauslesen. Manche Futterarten kann man in Gläsern, Flaschen und kleinen Kisten leicht selbst züchten, z.B. Nauplien des Salinenkrebschens, Mikrofutter, Grindalwürmchen, Enchyträen, Tubifex und Taufliegen. Zuchtansätze und -anleitungen erhält man im Fachhandel. Mikro hält sich 6–8 Stunden, Grindalwürmchen und Enchyträen leben bis zu einer Woche im Beckenwasser. Grindalwürmchen und Enchyträen werden vor dem Verfüttern in einem mit Wasser gefüllten Reagenzglas gespült und kräftig geschüttelt, um sie von Zuchtbreiresten zu reinigen. Enchyträen sind jedoch lediglich ein Zusatzfutter (ein- bis zweimal wöchentlich), da ihre ständige Verfütterung die Fische verfetten lassen und sie in ihrer Fortpflanzungsfähigkeit schädigen würden. Tubifex dürfen nur zerteilt verfüttert werden, andernfalls sich der Wurm sehr schnell in den Bodengrund bohrt, wo er nicht von allen Fischen erfasst werden kann, und hier eher eine Beute der im Boden lebenden Schnecken wird.

Rote und weiße Mückenlarven findet man den ganzen Sommer über in Tümpeln und Regentonnen; sie halten sich tagelang in nassen Tüchern. Wer sie länger aufbewahren will, kann sie tiefkühlen oder in geschlossenen und kühlen Gefäßen halten, die man vor der Verfütterung ordentlich schüttelt, um evtl. ausgschlüpfte Mücken flugunfähig zu machen, sodass man sie mit ins Becken geben kann. Die aus ihnen schlüpfenden Büschel- und Zuckmücken stechen nicht, im Gegensatz zu den Stechmücken aus schwarzen Larven, auf deren Fang man am besten verzichtet. Mückenlarven werden sehr gern genommen. Man verfüttere aber stets nur wenige, an Jungfische nur zerdrückt, weil die Larven räuberisch sind.

Sehr nahrhaft sind auch die roten Laubregenwürmer (Lumbricus rubellus), die sich unter feuchtem Laub, Steinen und Brettern finden. Man bewahrt sie in etwa 23 cm hohen Kisten oder Kunststoffwannen auf, die unten mit etwas Sand und darüber mit guter

Lauberde oder lockerem Humus mit vermoderndem Laub gefüllt sind. Die Mitte wird mit einem mehrfach zusammengelegten alten Scheuertuch bedeckt, das ständig mit warmem Milchwasser feucht zu halten ist und in das die Würmer ihre Eier ablegen. Das Ganze wird mit einer gut schließenden Glasscheibe oder mit Gaze abgedeckt und schattig aufgestellt. Alle 4 Wochen füttere man mit verwesenden Blättern, Obst- und Gemüseabfällen, geraspelten Möhren oder zerquetschten Kartoffeln nach. Bei genügender Wärme (20 – 25 °C) kann man dann 3 Jahre lang dauernd Würmer entnehmen und verfüttern. Kleinen Fischen reicht man sie fein gehackt, nachdem man sie in kochendem Wasser abgetötet hat.

Regenwürmer aus Komposthaufen mit Kunstdünger oder die Mistregenwürmer *(Eisenia foetides)* sind ohne geeignete Vorbereitung für Fische schädlich. Vor ihrer Verfütterung ist für eine gründliche Darmentleerung zu sorgen, indem man sie 1 – 3 Tage in einen Topf mit feuchtem Fließpapier legt, den man zu gebunden an einen kühlen Ort stellt; so können sie den äußeren Schleim abstreifen und durch das Fressen des Fließpapiers die schädliche Erde aus dem Darm entleeren. Vor dem Verfüttern sind sie noch gründlich zu spülen. Werden Weibchen vor und in der Laichzeit mit Regenwürmern gefüttert, dann setzen sie besonders reichlich Laich ab.

Größere Fische fressen zur Abwechslung auch frisch gehäutete Mehlwürmer. Mehlwurmbrei wird auch gern von Klein- und Jungfischen genommen. Man hält und züchtet sie in einem mit Papier zugebundenen Topf, in dem sich außer Sägespänen getrocknete Birkenblätter, Weißbrotstückchen, Woll-Lumpen und etwas Kleie befinden. Mehlwürmer sind als Nichtwasserbewohner Lungenatmer. Die beschriebene Methode zur Verfütterung der Mehlwürmer an Salmler ist offenbar deshalb so erfolgreich, weil die Futtertiere im Wasser ertrinken und sich deshalb stark winden. Diese zuckenden Bewegungen regen den Fresstrieb der Raubfische natürlich besonders stark an.

Wasserflöhe bewahrt man in flachen Behältern mit möglichst großer Oberfläche an einem kühlen und dunklen Ort auf. Wer täglich die toten Tiere absaugt, alle paar Tage frisches Wasser mit etwas Tierblut, Fischmehl oder Milch hinzusetzt und für gute Algenbildung sorgt, kann sie längere Zeit halten. Während der Laichperiode sollen Fische im Zuchtbecken keine Wasserflöhe erhalten, da die zurückbleibenden Wasserflöhe sich stark vermehren und der Fischbrut alle Infusorien wegfressen. Dagegen ist die Verfütterung von frisch geschlüpften Larven der Wasserflöhe, den Nauplien, an Jungfische sehr gut. Wir empfehlen dafür folgende Maßnahme: Ein kleines Einmachglas wird zu fünf Sechsteln mit Wasser und einer entsprechenden Menge von Daphnien und Cyclops (Wasserflöhen) gefüllt, mit einem Stoff von kleiner Maschenweite zugebunden und umgestürzt in das Becken getan, wo es durch die im Glas befindliche Luftblase obenauf schwimmt und die Nauplien sich allmählich im Becken verteilen können. Merke: Werden die Futtertiere über einen längeren Zeitraum gehalten, muss man sie unedingt füttern! Halb verhungerte Futtertiere haben kaum noch Nährwert.

Tubifex ist ein Wurmfutter, das in den letzten Jahren insofern etwas „aus der Mode" gekommen ist, als diese Futtertiere ja hauptsächlich in Abwassergräben oder ähnlichen Wasserläufen gefunden werden. Da die Futtertiere in solchem Wasser leben, ist es keine Frage, dass Giftstoffe unkontrollierbarer Herkunft in ihrem Körper abgelagert sind. Wenngleich solches Futter von vielen Fischen gern genommen wird, sollte man tunlichst auf Gaben dieser Art verzichten. Mit der Verfütterung von Tubifex schleppt man sich früher oder später Egel und Scheibenwürmer ein, die beide nur durch ein radikales Ausräumen und Sterilisieren wieder fortzubekommen sind.

Gefriergetrocknetes Zierschfutter gibt es seit einer Reihe von Jahren. Seine anfänglich gute Verbreitung konnte sich gegenüber tiefgefrorenem Futter jedoch deshalb nicht behaupten, weil dieses Futter sehr leicht ist und meist an der Oberfläche schwimmt. Man kann es einweichen, dass die gespeicherte Luft entweicht und die Futterpartikel schwerer werden, sodass sie zu Boden sinken und dann erst gern von den Fischen aufgenommen werden. Es gibt praktisch jede bekannte Lebendfutterart auch als gefriergetrocknete Zierfischnahrung. Es ist ebenfalls möglich, das auftreibende Futter mithilfe einer umgestülpten Futterglocke, die man an einen Faden in das Becken hängt, abzubieten. Leider zupfen die Fische oft dicke Brocken aus der Glocke hervor, die dann zur Oberfläche streben und dort kaum mehr genommen werden. Vielen Fische ist eine gewisse Scheu angeboren, zur Oberfläche zu schwimmen, weil in ihrem natürlichen Lebensraum dort die Vögel warten.

Um zu verstehen, wie gefriergetrocknete Zierfischkost gewonnen wird, muss man sich den Gang der sog. Dehydration (Entzug des Wassers) vor Augen führen. Denken wir nur daran, wie im Winter die Wäsche trocknen wird, obgleich die Textilien gefroren sind: Sie taut dabei nicht auf. Dieser Wechsel von Eis zu Dampf, ohne die Flüssigkeitsphase zu durchlaufen, wird Sublimation genannt. Das ist auch die Grundlage der Gefriertrocknung. Es entsteht dabei keine Hitze, die die Nahrung beschädigt, Geschmack und Wert beeinflusst, es gibt keine heiße Flüssigkeit, die die Struktur beschädigt. Das Eis geht in Dampf über, der weggeblasen wird. Zurück bleibt eine leichte, poröse Masse. Nur das Wasser wurde entfernt – sonst nichts. Solche Bearbeitung ist kostspielig. Für unsere Zierfischnahrung ist sie natürlich nur ein Nebenprodukt; die Grundlage dazu schuf die Weltraumforschung. Trockenfutter verfüttere man im Futterring, und zwar recht sparsam, weil reichliche Mengen zu Verdauungsstörungen bei Fischen führen und liegen bleibende Reste das Wasser verpesten können. Viele Raubfische rühren es überhaupt nicht an oder nehmen es nur im Notfall. Dieses Futter ist u. U. ein hochwertiges Nahrungsmittel, das, wie alles Trockenfutter, anstelle von Lebendfutter hin und wieder verabreicht werden kann, am besten aufgeweicht.

Völlig ungeeignet zur Verfütterung sind Brot-, Semmel- und Kuchenkrümel, Mehlspeisen, Oblaten, getrocknete Ameisenpuppen und gekochte Kartoffeln, weil sie schwere Darmstörungen hervorrufen und das Wasser unnötig trüben und verpesten.

Roter Diskus mit Jungen. Eine interessante Zuchtform, die farblich dem Wunsch vieler Aquarianer entspricht

Futtertabelle

X Hauptnahrung
■ Gelegenheitsnahrung
● Notnahrung

	Lebendfutter			Pflanzl. Kost		Totes Futter		Futterzone		
	kräftiges	mittleres	kleines	Salat, Haferflocken	Algen	gefriergetrocknetes Futter	Trockenfutter	Oberflächenfutter	schwebendes Futter	Bodenfutter
<u>Lebendgebärende</u>										
Xiphophorus- und Poecilia-Arten		■	X	■	X	X	■	X	X	■
Hochlandkärpflinge	X	X		■	X	X	■	X	X	■
Hechtkärpfling	X					■		■	X	
<u>Salmler</u>										
Tetras		X	X	■	■	X	■	X	X	X
Nannostomus-Arten		X	X		■	X	■	■	X	■
Beilbauchfische		■	X		■	■	■	X	X	
Nannobrycon-Arten			X		■	X	■	X	■	
Neolebias-Arten			X	■	■	X	●	■	X	X
<u>Karpfenfische</u>										
Cyprinidae		X	X	■	X	X	X	X	X	X
Weißfische	X	X	X	X	■	X	■	X	X	■
<u>Labyrinther</u>										
Beloniiden	X	X	X	■	■	X	X	X	X	X
Kussgurami		■	X		X	X	■		X	X
Schlangenköpfe	X							■	X	
<u>Buntbarsche, Barsche</u>										
Zwergcichliden		X	X			X	●	■	X	X
Sonnenbarsche	X	X				X		■	X	■
Zwergsonnenbarsche			X			X	X	■		
Etroplus u. Cichlasoma	X	X		X		■	●	■	X	X
Nanderbarsche	X	●					X	X		
Echte Barsche	X							■	X	■
<u>Eierlegende Zahnkarpfen</u>										
Cyprinidontidae	X	X	■			■	●	X	X	X
Aphanius-Arten		X	■	■	X	X	■	■	X	X
Aphyosemion u. Verwandte	X	X	■			■	●	X	X	X
Aplocheilus, Epiplatys	X	X				■	●	X	X	
Aplocheilichthys			X			X	■	X	■	
<u>Verschiedene</u>										
Regenbogenfische		X	■	■	■	X	■	X	X	●
Stichlinge	■	X	X			X	■	X	X	X
Welse	■	X	X		X	X	X		X	X
Schmerlen	■	X	X		■	X	■		■	X
Grundeln		X	X			X	■		■	X

Fischkrankheiten

Wie jedes Lebewesen, so besitzen auch Fische eine gewisse Abwehrkraft gegenüber Krankheitserregern, indem Abwehrstoffe gegen den Paraisten entwickelt oder diese eingekapselt werden. Nur wenn der Fisch durch irgendwelche Umstände (Stress, hervorgerufen durch dauernd störende Mitbewohner) geschwächt oder die Angriffskraft der Krankheitserreger durch für sie günstige Bedingungen erhöht wird, können Krankheiten auftreten. Prof. Schäperclaus, eine der Autoritäten auf dem Gebiet der Fischkrankheiten, unterscheidet daher grundsätzlich zwei verschiedene Methoden: nämlich die Vorbeugungsmaßnahmen und die Heilverfahren.

Vorbeugungsmaßnahmen

Da Verhüten besser und leichter ist als Heilen, vermeide man alles, was die Widerstandskraft der Fische schmälern bzw. die Latenz der Krankheitserreger erhöhen könnte. Das ist in erster Linie eine Frage der zweckmäßigen Haltung und Pflege der Fische. Zu vermeiden sind deshalb:

1. Hunger und Abmagerung, die leicht zu ansteckender Hauttrübung und sekundär zum Pilzbefall *(Saprolegnia)* führen.

2. Schlechtes, insbesondere ranziges oder überhitztes Futter, das Magen- und Darmkrankheiten veranlasst und die allgemeine Widerstandskraft herabsetzt; zu fettes Futter, das Eingeweideverfettung hervorruft, zu einseitiges und vitaminarmes Futter, das Leberdegeneration und sonstige Schädigungen verursacht. Außerhalb der Laichzeiten sind die Tiere besser kurz zu halten, als sie zu überfüttern.

3. Zu niedrige Haltetemperaturen, welche Erkältungen vor allem der Schwimmblase und damit eine Verminderung der Abwehrkraft gegen Krankheiten zur Folge hat. Auch plötzliche Temperaturschwankungen und willkürliches Umsetzen der Fische sind zu vermeiden.

4. Sauerstoffmangel, der die Widerstandskraft schwächt.

5. Zu kalkarmes Wasser (Regenwasser) bei sehr niedrigem pH-Wert, das die so genannte „Säurekrankheit" hervorruft.

6. Zu starke Sonneneinstrahlung, da plötzliche Steigerung der pH-Werte auf 10 und mehr zu Verätzung der Flossen und zu Schädigungen führen kann („Laugenkrankheit"). Wasserhärte und pH-Wert sind daher regelmäßig zu überprüfen.

7. Verletzungen durch Geräte oder bissige Fische, die zu Verpilzung der Wunden führen.

8. Nicht einwandfreie Isolierung aller Metallteile, da durch Metallsalze, Kittbestandteile, ungeeignete Farben, nicht einwandfreie Gummischläuche, schlechte Isolier- und Vergussmittel Fischvergiftungen auftreten.

9. Schädliche Gase (Ofengase, Abgase von Fabriken, übermäßiger Tabakrauch), Insektenspritzmittel, die durch einen Durchlüfter in das Becken gepumpt werden, da dies ebenfalls zu Vergiftungen führen kann.

10. Futterreste, starke Mulmansammlungen und sonstige Fäulnisherde, weil sie fischpathogene Bakterien beherbergen und zu Vergiftungen durch Schwefelwasserstoff, Nitrate oder Ammoniak führen.

Eine weitere Gruppe von Vorbeugungsmaßnahmen ist die Verhütung der Einschleppung von Parasiten und Krankheitserregern. Dieser Einschleppung kann und muss weitgehend vorgebeugt werden.

1. Jedes neue Tier muss eine Quarantäne durchamchen, bevor es als gesund und frei von Bakterien und Parasiten befunden und in das Becken gesetzt werden kann. Alle erkrankten Fische bleiben, falls sie nicht geheilt werden, auf die Dauer abgetrennt und werden auf keinen Fall mit gesunden Tieren zusammengebracht. Unheilbare Tiere sind zu töten.

2. Ferner vermeide man, Futter und Wasser aus Gewässern zu holen, in denen Fische

leben, da frei im Wasser schwimmende Parasiten leicht eingeschleppt und die Futtertiere Zwischenwirte von Schmarotzern sein können. Das Wasser ist in der erwähnten Art zu behandeln; Futter und Zuchtansätze sind aus einem Fachgeschäft zu beschaffen.

3. Bodengrund und Steine sind unbedingt auszukochen oder keimfrei zu machen, da manche Krankheitserreger derart widerstandsfähige Dauerstadien (Sporen) besitzen, dass sie Trockenheit und Kälte ohne weiteres überstehen.

4. Alle Pflanzen sind vor dem Einbringen stets zu desinfizieren und im Becken sauberzuhalten. Alles Faule ist zu entfernen.

5. Selbst Kescher, Scheibenreiniger, Schlammheber, Futterringe usw. sind immer wieder vor dem Einbringen in das Becken abzuspülen.

6. Ist einmal eine Krankheit im Becken eingetreten, dann sind auch die anderen Geräte, wie Heizer, Durchlüfterröhren, Thermometer und Filter, herauszunehmen und gründlich mit Kaliumpermanganat oder Wasserstoffperoxid zu desinfizieren.

7. Bei Massensterben ist das Becken völlig auszuräumen, Bodengrund, Wurzelstücke und nicht wertvolle Pflanzen sind fortzuwerfen. Alle Geräte und Steine werden in das entleerte Becken gelegt, das mit einer roten Lösung von Kaliumpermanganat 24 Stunden lang zu desinfizieren ist. Vor der Neueinrichtung ist alles mit klarem Wasser mehrmals zu spülen.

8. Zur Verhütung von Krankheiten trägt es wesentlich bei, dem Beckenwasser regelmäßig etwas Salz oder ein Parasitenbekämpfungsmittel, wie Ektozon, Mikropur oder Antidiscrassicum, nach den beiliegenden Gebrauchsanweisungen beizugeben.

Heilverfahren

Im Vergleich zu der Unzahl von Fischkrankheiten, die schon mit Vorbeugungsmaßnahmen wirksam bekämpft werden können, gibt es nur wenige Krankheiten, die der Aquarianer behandeln und heilen kann. Es handelt sich dabei meist um Befall mit Außenparasiten. Innere Erkrankungen sind in den seltensten Fällen heilbar, da sie meist zu spät erkannt werden. Im Zweifelsfalle klopfe man an den Beckenrand: Schnellt der Fisch rasch nach unten, so ist er gesund; schwimmt er nur langsam oder in schaukelnden Bewegungen, steigt er ohne Flossenbewegungen nach oben, oder kann er sich nur schwer vom Boden erheben, so sind das Krankheitszeichen, desgleichen, wenn er an der Oberfläche stehend nur langsam ausweicht, sobald er angestoßen wird. Die häufigsten Erkrankungen weisen folgende Symptome auf (siehe Tabelle S. 133 ff.).

Geringe Symptome müssen immer ernst genommen werden. Man versuche zunächst eine Heilung durch Stärkung der Widerstandskraft, indem man den Fisch isoliert und in günstigste Wasser-, Temperatur- und Nahrungsverhältnisse bringt. Darunter ist weder Überfütterung noch zu hohe Temperatur zu verstehen. Sowohl dem Sonderbecken als auch dem Aquarium, aus dem der Fisch entfernt wurde, sind entsprechende Dosen Antidiscrassicum gemäß Gebrauchsanweisung zuzusetzen. So kann man hoffen, dass der Fischkörper die Krankheitserreger unschädlich macht.

Tritt jedoch eine Verschlimmerung ein, dann ist ein Heilversuch angezeigt, wobei Dauer- und Kurzbäder geeignet sind. Zudem sind alle Haltefehler weiterhin zu vermeiden. Dauersonderbäder können am besten mit einem Durchlüfter durchgeführt werden. Wenn Kochsalzbäder Schädigungen beim Fisch hervorrufen, sind sie sofort zu unterbrechen, weshalb sie praktisch im Kescher vorgenommen werden.

Die Knötchenkrankheit zeigt grießähnliche Krankheitssymptome, ähnlich der Ichthyophthirius. Sie wird durch Sporentierchen verursacht, die eine Reihe gefährlicher innerer Krankheiten erregen können. Meist helfen dabei Heilbäder nicht, das Tier (oder der ganze Fischbestand) muss abgetötet und das Aquarium gründlich desinfiziert werden.

Durch Wasserpflanzen können Plattwürmer oder Planarien *(Planaria gonocephala und P. maculata)* eingeschleppt werden, die mit ihrer dreieckigen Kopfform an den Scheiben sitzen und der Fischbrut sehr gefährlich

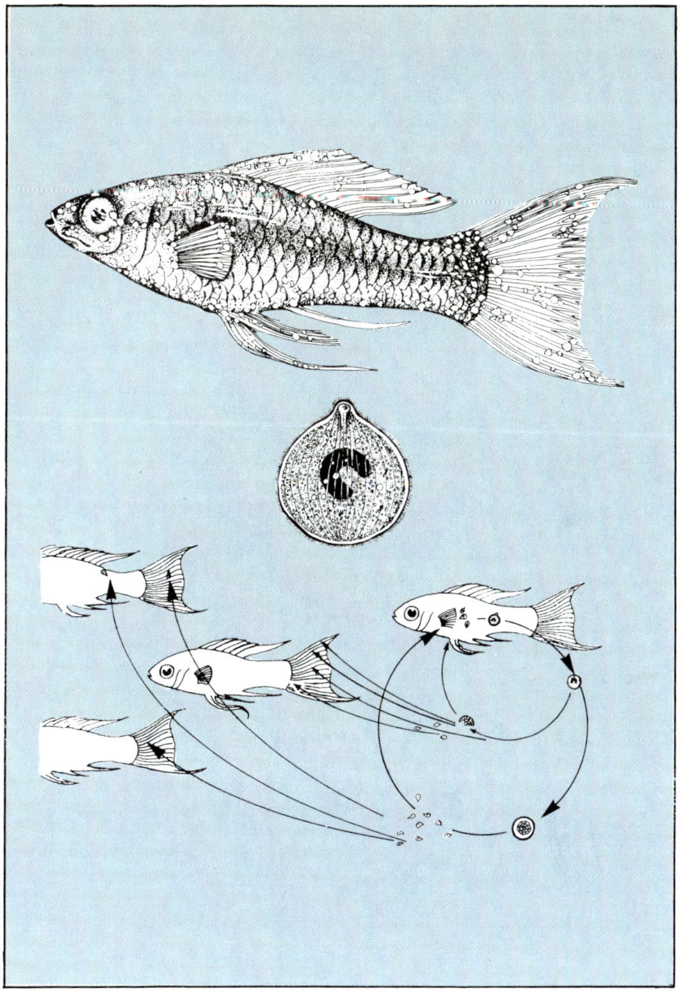

So überträgt sich Ichthyophthirius multifilis: Der in der Fischhaut ausgewachsene Parasit löst sich ab, fällt zu Boden und aus dem abgekapselten Parasit entwickeln sich Schwärmer, die wiederum neue Fische befallen. Im oberen Bild erkennt man den Fisch, der mit grieskornartigen weißen Punkten mehr oder weniger bedeckt ist. Diese, mit dem bloßen Auge erkennbaren Wimpertiere (darunter), tragen als Erkennungsmerkmal ihres Typs (Art) einen so genannten Hufeisenkern

werden. Hier hilft nur völlige Ausräumung des Beckens, Vernichtung des Bodengrundes und ein 10 Minuten langes Bad der Wasserpflanzen in einer Lösung Haushaltsessig in Wasser (1:1) mit nachträglicher Abspülung.

Bei seuchenartigen und unheilbaren Krankheiten sind die gesunden Fische sofort aus dem Becken zu entfernen, und das Becken ist zu entseuchen. Das unheilbar erkrankte Tier setzt man in 1 l Wasser, dem 1 Teelöffel Äthyl-Uretan beigegeben ist, das den Fisch sofort betäubt. Danach muss das Tier durch Genickschnitt mit der Schere von seinen Qualen erlöst werden.

Wer Interesse daran hat, kann eine der Untersuchungs- und Beratungsstellen für Fischkrankheiten in Anspruch nehmen. Anschriften sind im Fachgeschäft oder Zierfischverein erhältlich. Man bekommt dort eine einwandfreie Diagnose mit Angaben zur Behandlung und Vermeidung erneut auftretender Krankheiten.

Es kann abschließend nicht energisch genug betont werden, dass nur einwandfreie Haltung und sachgemäße Fütterung zur Vermeidung von Krankheiten beitragen.

Diagnostische Hilfstabelle

○ hautpsächliche Erscheinungen
● gelegentliche Symptome

Symptome	Bauchwassersucht	Darmentzündung	Erkältung	Fischtuberkulose	Flossenfäule	Gasblasenkrankheit	Glugeakrankheit	Hauttrübung	Ichthyophonus	Ichthyophthirius	Karpfenlaus	Laugenkrankheit	Lymphozystis	Neonkrankheit	Octomitus/Hexamita	Odinium	Parasitenbefall	Saprolegnia	Schwimmblasenentzündung	Vergiftung	Verstopfung
Allgemeines Verhalten																					
Absinken	○		○																○		
Flossenklemmen		○	○		○	○		○		○		○				○	○		○	○	○
Fressunlust	●	○	○	○	●	○		○	○	●		○		●	○	○	○			○	○
Hocken am Boden	○	○	○	○					○					●					○		●
Krämpfe						○						○								○	
ruckartiges Schwimmen	○							●	○	○						○	○		○		
Schaukeln	○		○	○	○			○	○	○						○	○		○	○	●
Scheuern an Steinen usw.								○		○	○					○	○				
Schnappen nach Luft						○		●				○					●			○	
Taumeln, Kopfstand				○			○		○			○		○	○				○	○	
Unruhe, Apathie						○		●				○								○	
Gestaltveränderungen																					
Abmagerung		○		○			●		○					○	○	●	○				
Bauchauftreibung	○		●						●					●					○		
Missbildungen	○			○	●				○					○							
Schuppensträube	○								○					●							
Wucherungen	●			●					●												
Hauterscheinungen																					
Afterröte	○	○	●												○						
bläulich-weiße Trübungen			●	○				○	○			○		○			○				
blutunterlaufene Stellen	○			○				●	○	●		●			○		○				
farbzerstörende Flecke				○			○							○							
Gasblasen unter der Haut					○																
Geschwüre	○			○			○		○						○						

○ hautpsächliche Erscheinungen
● gelegentliche Symptome

Symptome	Bauchwassersucht	Darmentzündung	Erkältung	Fischtuberkulose	Flossenfäule	Gasblasenkrankheit	Glugeakrankheit	Hauttrübung	Ichthyophonus	Ichthyophthirius	Karpfenlaus	Laugenkrankheit	Lymphozystis	Neonkrankheit	Octomitus/Hexamita	Odinium	Parasitenbefall	Saprolegnia	Schwimmblasenentzündung	Vergiftung	Verstopfung
grießkornartige Punkte									○												
Haut- oder Schleimabsonderungen							●					○				○	○				
perl- oder himbeerartige Gebilde												○									
sandfarbene Knötchen															○						
schwarze Stellen							○	○								○					
wattebauschartige Gebilde							●											●			
Flossenveränderungen																					
himbeerartige Knötchen												○									
schleimartige Trübungen				○				●		○		○					○	○			
verklebte Flossen							○									○					
weißliche Flossenränder				●								○					○				
Zerstörung der Flossen			○	○			○		○		○				○	○					
Kiemenveränderungen																					
Abspreizung																○					
Anschwellen Entzündung						●				○					○			○			
bläulich-weiße Trübung							○									○					
blasse Färbung									○		○					○					
grießkornartige Knötchen									○							●					
wurmartige Flecken																○					

Symptome	Bauchwassersucht	Darmentzündung	Erkältung	Fischtuberkulose	Flossenfäule	Gasblasenkrankheit	Glugeakrankheit	Hauttrübung	Ichthyophonus	Ichthyophthirius	Karpfenlaus	Laugenkrankheit	Lymphozystis	Neonkrankheit	Octomitus/Hexamita	Odinium	Parasitenbefall	Saprolegnia	Schwimmblasenentzündung	Vergiftung	Verstopfung
○ hautpsächliche Erscheinungen ● gelegentliche Symptome																					
Augenveränderungen																					
Glotzaugen	○			○					○												○
grießkornartige Pünktchen										○						○					
Trübung									○	○						○	●				
Zerstörung der Oberfläche										○						○	○				

Übertragung des kleinen bohnenförmigen Hauttrübers *Costia nacatrix*: Sie geschieht direkt von Fischhaut zu Fischhaut. Das kleine Geißeltierchen stirbt ab, wenn es keinen Wirt findet. Der Einzeller schmarotzt auf Haut und Kiemen. Diagnose (Bild oben): Der Fisch zeigt eine feine, schleierartige Trübung der Haut. Darunter erkennt man einen einzelnen Flagellaten und (außen) wie diese Geißeltierchen in der Haut festsitzen

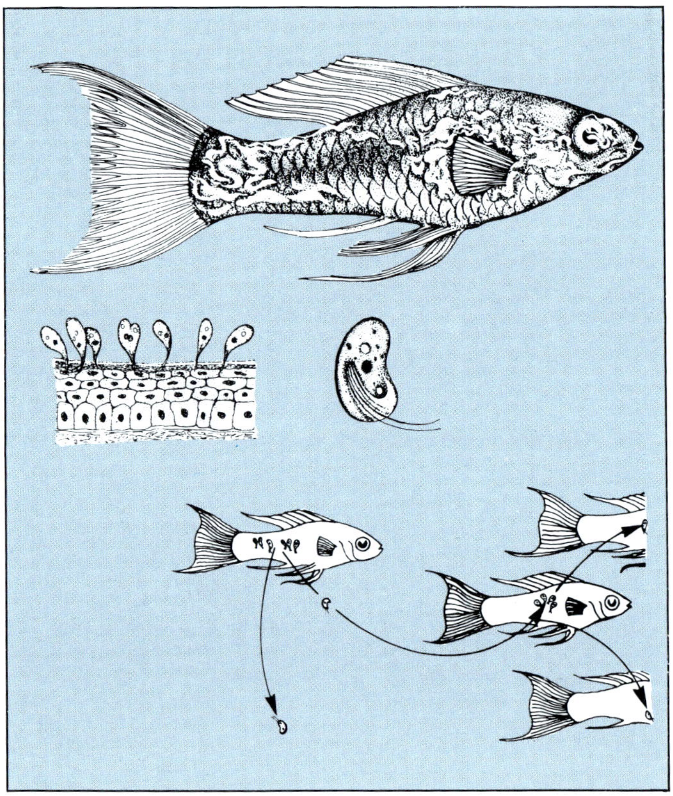

Bei der therapeutischen Anwendung jeglicher Antibiotika, zu denen beispielsweise auch das empfohlene Metronidazol gehört, soll man sich darüber klar sein, dass diese Medikamente Bakterien töten – also auch jene, die sich in den so genannten Biofiltern angesiedelt haben! Die Gabe von Antibiotika ins normale Aquarienwasser tötet somit fast immer auch den gesamten Bakterienstamm aller sich im Kreislauf befindenden Behälter und Filtertöpfe. Darüber muss sich jeder Aquarianer klar sein, und es empfiehlt sich in jedem Fall, derart zu behandelnde Tiere nur in einem separaten (= Quarantäne-)Becken mit Antibiotika zu therapieren. Auch bei dem im aquaristischen Fachhandel angebotenen AquaFuran handelt es sich um ein Antibiotikum.

Therapeutische Hilfstabelle

Krankheit		Therapie
Bauchwassersucht	1. Leberschaden 2. Durch Pseudonoma punctata hervorgerufene Seuche infolge unsachgemäßer Haltung und Fütterung	1. Keine Heilung. 2. Versuchsweise Bad in 80 mg Chloramphenicol/l.
Darmentzündung	Kann Urheber von Bauchwassersucht sein und Folge einer Verfütterung von kaltem oder verdorbenem Futter.	Keine Heilung, nur Vorbeugung.
Erkältung	Durch Temperaturgefälle oder zu kalte Haltung bedingt.	Sonderbad langsam um 4–5 °C erhöhen, nach 8 Tagen innerhalb weiterer 8 Tage auf Haltetemperatur senken.
Fischtuberkulose	Durch Mycobact hervorgerufene Krankheit, die sehr langsam verläuft und für Warmblüter nicht ansteckend ist. Rückgratverkrümmung und Knoten in der Leber.	Keine Heilung.
Flossenfäule	Durch Bakterien hervorgerufene Auflösung der Flossen infolge Wasserverschlechterung.	Ektozon nach Gebrauchsanweisung oder öfters teilweiser Wasserwechsel.
Gasblasenkrankheit	Gasblasen unter der Haut und in den Blutgefäßen infolge Wasserdruckunterschieds bei frischem Leitungswasser und zu starker Sonneneinstrahlung.	Nur Vorbeugung möglich.
Glugea	Durch Sporentierchen hervorgerufene milchige Trübung der Muskulatur, besonders bei Zebrabärblingweibchen.	Keine Heilung.

Krankheit		Therapie
Ansteckende Hauttrübung	Durch verschiedene Parasiten hervorgerufene Seuche (vgl. „Parasitenbefall"). 15 – 20 Min., je nach Fischgröße.	Sonderbäder von 10 – 15 g Kochsalz/l bei Temperaturerhöhung um 2 – 3 °C. Badedauer
Ichthyophonus (= Ichthyosporidium hoferi)	Durch einen Algenpilz hervorgerufene, leicht übertragbare Seuche, vor allem der Leber.	Keine Heilung.
Ichtthyopthirius	Durch ein Wimpertierchen hervorgerufene, nur durch Dauerbäder ausrottbare Krankheit. Nach dem Bad, falls kein Filter vorhanden, Wasser erneuern.	Dauerbad von 3 – 7 Tagen in 1 g Trypaflavin/100 l. Bei kühlem Wasser bis 20 °C bis 3 Wochen. Ampullen für bestimmte Literbecken erhältlich.
Karpfenlaus	Ein linsenähnlicher Schmarotzer von gelblich-grüner Farbe mit dunklen Pünktchen, der mit einem scharfen Stachel Blut saugt. Auch selbst gefangene Fische können befallen sein.	Beim Herausfangen des Fisches löst sich der Sog der Laus, sodass sie mit einem Pinsel heruntergewaschen werden kann. Saugstelle mit Vaseline betupfen.
Laugenkrankheit	Bedingt durch hohe pH-Werte bei starker Sonne, wenn das Wasser zu kalkarm (Regenwasser) ist.	Langsames Überführen in Wasser mit pH-Wert zwischen 7 und 8.
Lymphocystis	Viruserkrankung, die leicht übertragbar ist. Makropoden.	Abschneiden der befallenen Flossenteile, ohne die Wurzeln zu verletzen.
Neonkrankheit	Durch Plistophora hervorgerufene, leicht übertragbare Krankheit bei zu niedrigen Temperaturen. Salmler.	Keine Heilung. Befallene Tiere abtöten.
Octomitus (=Hexamita und Spironucleus)	Befall mit Geißeltierchen, Diskus, Skalare und Cichlasoma-Arten. Bekannt als die „Lochkrankheit".	Hexa-ex. Nach Anweisung zu verwenden. Oder 4-Tage-Kur mit Metronidazol BP 80 (0,65 g auf 100 Liter Wasser).
Odinium	Erkrankung durch Geißeltierchen, deren Entwicklung durch niedrige Temperaturen gehemmt wird. Colisa-Arten, Markopoden, Kardinal.	1 g Trypaflavin/100 l in abgedunkeltem Sonderbecken, 2 – 12 Stunden. Oder 1 Esslöffel Kochsalz/l im Kescher, 1 – 3 Minuten.
Parasitenbefall	1. Durch Chilodonella, Costia, Trichodina, Milchige Schleimhaut 2. Dactylogyrus und Gyrodactylus. Schnelle Atmung.	1. Wie Hauttrübung und Ichthyophthirius. 2. Kochsalzbad. (Oodinium)

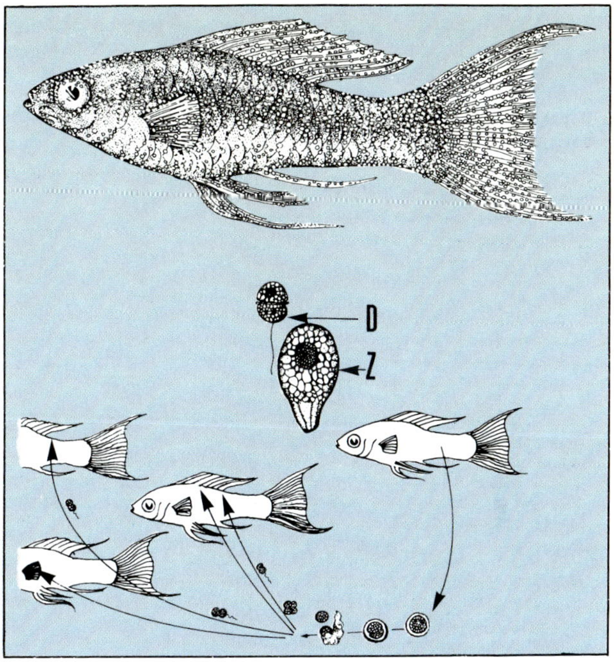

Das Erscheinungsbild von *Oodinium pillularis* (die so genannte Colisa-Krankheit) ähnelt stark dem von *Ichthyophthirius*: Die in Oberhaut und Kiemen schmarotzenden Parasiten fallen in ausgereiftem Zustand vom Fisch zu Boden, kapseln sich ein und bilden durch vielfache Teilung Schwärmer (so genannte Dinosporen) aus, die wiederum die Fische befallen. Auch hier zeigen die befallenen Exemplare (oben) einen weißen Belag, dessen Körnung jedoch kleiner ist. Die darunter befindliche Abbildung zeigt eine Zyste (Z), aus der sich die Schwärmer oder Dinosporen (D) entwickeln

Krankheit		Therapie
Saprolegnia	Wasserpilze, die besonders offene Wunden und geschwächte Fische befallen.	1 g Kaliumpermanganat/100 l, Badedauer 30 Minuten. Einzelne Stellen mit einem Wattebausch abwischen, der in dunkelrote Kaliumpermanganatlösung getaucht wurde (1 g/1 l)[1]
Schwimmblasen-entzündung	Kann eine Begleiterscheinung der Bauchwassersucht oder durch Erkältung entstanden sein.	Je nach Ursache.
Vergiftungen	Zu ihnen gehören auch die Laugenkrankheit und die Säurekrankheit, können plötzlich oder langsam wirkender Art sein.	Umsetzen in einwandfreies Wasser, dem etwas Antidiscrassicum beigegeben ist.
Verstopfung	Beruht auf Einseitigkeit in der Ernährung oder ist auf Darmparasiten zurückzuführen.	10 g Kochsalz/l von 10 bis 15 Min. Dauer. Verfütterung von Wasserflöhen[2].

1) Man legt ein weiches Tuch auf den Tisch und den Fisch in die linke Hand, in der sich ein feuchtes Leinen befindet.

2) Auch Verfütterung von Futter, das in Rhabarbertinktur oder Rizinusöl gesättigt wurde. Oder man setzt den Fisch in ein flaches Wasser, auf das man einige Tropfen Rizinusöl geträufelt hat, sodass der Fisch beim Schnappen nach Luft einen Teil des Öls aufnimmt.

Verzeichnis ergänzender Literatur

Bauer, R.: Erkrankungen der Aquarienfische, Blackwell-Verlag, Berlin

Göbel, M & Mayland H. J.: South American Cichlids IV, Aqualog, Verlag A.C.S. Mörfelden-Walldorf

Greger, B.: Aquarienpflanzen, Franckh-Kosmos-Verlag, Stuttgart

Krause, H. J.: Handbuch Aquarientechnik, bede-Verlag, Ruhmannsfelden

Mayland, H. J.: Blauaugen und Regenbogenfische, Dähne-Verlag, Ettlingen
- Cichliden, Landbuch-Verlag, Hannover
- Diskusfische – Könige Amazoniens, Landbuch-Verlag, Hannover
- Diskusfibel, Landbuch-Verlag, Hannover
- Diskusfieber, Landbuch-Verlag, Hannover
- Diskusfische, Kosmos-Verlag, Stuttgart
- Praxis Diskusaquarium, Landbuch-Verlag, Hannover
- Zierfischzucht im Aquarium, Landbuch-Verlag, Hannover
- Bassermann-Handbuch: Süßwasser-Aquarium, FALKEN Verlag, Niedernhausen
- & Bork, D.: Salmer, Kosmos-Verlag, Stuttgart
- & Bork, D.: Seltene Schönheiten im Süßwasseraquarium, Brigit Schmettkamp Verlag, Bornheim
- & Bork, D.: Zwergbuntbarsche, Landbuch-Verlag, Hannover

Meyer, M. K.; Wischnath, L. & Foerster, W.: Lebendgebärende Zierfische – Arten der Welt, Mergus-Verlag, Melle

Schliewen, U.: Wasserwelt Aquarium, Gräfe & Unzer Verlag, München

Seegers, L.: Das Aquarium, Eugen Ulmer Verlag, Stuttgart
- Killifische, Eugen Ulmer Verlag, Stuttgart

De Wit, H. C. D.: Aquariumpflanzen, Eugen Ulmer Verlag, Stuttgart

Deutsche Aquarien-Zeitschriften

Aquaristik aktuell, Dähne-Verlag

Aquaristik-Fachmagazin, Tetra-Verlag, Bissendorf-Wulften

Aquarium live, bede-Verlag, Ruhmannsfelden

Das Aquarium, Schmettkamp Verlag, Bornheim

DATZ (Die Aquarien- und Terrarien-Zeitschrift), Eugen Ulmer Verlag, Stuttgart

TI-Magazin, Tetra-Verlag, Melle

Register